I 7 pilastri di

Un successo

Manager

Come diventare un leader, ispirare i dipendenti e guidare il suo team al successo

Thomas Reus

CONTENUTI

Prefazione

Potere - una parola che tutti conosciamo e con la quale possiamo immaginare cosa si nasconde dietro questo termine. Potere - la maggior parte delle persone lo desidera, ma non tutti sanno come ottenerlo. Il potere - ha sette pilastri importanti e può avere effetti sia positivi che negativi per i potenti e i non potenti. Voglio darle delle conoscenze sul potere che non troverà da nessun'altra parte in modo così dettagliato. Le mostrerò anche perché quasi nessuno è in grado di gestire il potere. Se vuole ottenere il potere, non può evitare i **sette pilastri:**

1. Resilienza → Le persone che vogliono vincere devono sempre affrontare la concorrenza;

2. Passione → Per esibirsi, deve avere il desiderio di farlo;

3. Autocontrollo → il lavoro non deve essere solo un lavoro, ma una vocazione, perché questo porta divertimento;

4. Caro → Le persone sono un motivo di gioia, il che significa che deve desiderare di creare qualcosa insieme a loro;

5. Comunicazione → chi vuole avere qualcosa da dire deve anche saper ascoltare gli altri;

6. Conoscenza → se vuole ottenere qualcosa, deve

sapere come;

7. Etica $\rightarrow$ Se vuole arrivare al vertice, deve affermarsi contro gli altri che cercano di manipolarla.

Come può vedere, acquisire potere non è sempre facile e gestirlo lo è ancora meno. Non esiti più e inizi ad acquisire le conoscenze necessarie sul potere. Le garantisco che questo la porterà molto più vicino al suo obiettivo!

. **Etica** $\rightarrow$ Se vuole arrivare al vertice, deve affermarsi contro gli altri che cercano di manipolarla.

Potrà farlo leggendo questo libro:

Attraverso questo libro imparerà che cos'è il vero potere e che cosa significa. Imparerà che ha un grande potenziale dentro di sé per utilizzare appieno il potere. Con modelli teorici così unici da poterli definire un'arma segreta, imparerà a valutare con successo se stesso e il suo ambiente. Questo libro può anche aiutarla a riflettere su se stesso, grazie a numerosi esempi ed esercizi. Affinché possa trarre il massimo beneficio sia nella vita privata che in quella professionale, scoprirà quali sono le linee d'azione alternative a sua disposizione.

I sette pilastri non vengono mai considerati singolarmente, in quanto sono un sistema che si basa, si completa e dipende l'uno dall'altro. È quindi importante che si lasci guidare dalla loro struttura durante la lettura del libro.

Capitolo 1: Informazioni generali

Potere - una parola che molte persone probabilmente immaginano significhi quanto segue: Qualcuno è più potente, più forte, più intelligente degli altri e quindi è il capo o chi decide. Ma è davvero così? Per scoprirlo, dobbiamo prima dare un'occhiata più da vicino al termine.

Definizione: quando parliamo di potere, ci riferiamo alla **capacità di una persona di influenzare gli altri in modo tale che si subordinino e si comportino secondo i desideri della persona al potere.** In una certa misura, troviamo il potere in tutte le forme della nostra convivenza. Il **potere crea strutture sociali** in modi diversi, **che hanno un potenziale di influenza personale, sociale, sociale e strutturale.** Tuttavia, esistono anche **forme estreme di potere**. A questo proposito, il potere può essere visto anche come la capacità di affermare se stessi. In questo caso, gli **obiettivi sono definiti unilateralmente,** il che **significa che** le **richieste delle persone coinvolte non vengono prese in considerazione.** In breve: **attraverso il potere assertivo, chi non ha potere deve sottomettersi a**

chi ha il potere.

La minaccia di punizione viene utilizzata da chi detiene il potere per assicurarsi che gli altri si adeguino. Si può anche dire che sono costretti a seguire ciò che la persona al potere impone. La persona che detiene il potere non scende a compromessi e non entra in dialogo con i suoi simili se questi mostrano interessi contrastanti o incompatibili - non è necessario per lui. Il potere e l'influenza devono essere chiaramente distinti l'uno dall'altro, anche se le transizioni tra loro sono fluide. Entrambi sono campi di significato che vengono descritti come segue: "avere potere su qualcuno o qualcosa" e "potere di fare". Se consideriamo il termine potere come un concetto sociale nelle scienze sociali, la portata del suo significato è piuttosto controversa.

Le relazioni di potere moderate descrivono una relazione di scambio multilaterale. Una parte assume sempre la posizione iniziale, mentre l'altra assume la posizione negoziale. Tuttavia, questo viene accettato da entrambe le parti. La ragione di ciò può essere rappresentata dalle opportunità disponibili per esercitare un'influenza. Queste sono, ad esempio: ricompensa, conoscenza superiore o favoritismo. L'altra parte si astiene dall'obiettare e non fa nulla contro il potere esercitato; tollera e si adegua a questo potere.

NON C'È ALTRO DA DIRE SUL POTERE:

Il campo d'azione fisico e psicologico di una persona o addirittura di un intero gruppo di persone è definito dall'entità del loro potere. I benefici del potere, sia in senso positivo che negativo, dipendono da come viene utilizzato.

Se il potere ha un effetto negativo e la persona al potere usa consapevolmente il suo potere, anche se esistono determinate condizioni per fare diversamente, si parla di abuso di potere.

È sempre necessario esaminare attentamente il potere di agire e i suoi prerequisiti, perché anche se si usa la coercizione o la forza, non significa che questo abbia sempre un effetto negativo.

Il modo in cui viene regolato l'uso della forza fisica è sempre delegato dallo Stato in una società democratica. Il suo compito è quindi quello di riconoscere le funzioni socialmente necessarie. Il potere che esiste nei sistemi democratici è sempre regolato da una Costituzione e da numerose leggi.

ETIMOLOGIA (LA SCIENZA DELL'ORIGINE E DELLA STORIA DELLE PAROLE E DEI LORO SIGNIFICATI)

Se guardiamo alla parola potere in termini di origine e significato, può essere ricondotta a due radici indoeuropee che suonano simili: mag- (formare, plasmare, impastare, premere). Questo significato indica che viene/veniva utilizzato uno strumento, o in secondo luogo: magh- (fare - essere in grado, essere capace, essere in grado). A questo punto, c'è un'indicazione della connessione nella sfera sociale, con riferimento a una disposizione sugli altri e su se stessi. Anche l'attenzione al futuro può essere riconosciuta qui.

Se si osserva il modo in cui viene utilizzato il linguaggio oggi, si può notare che la "reificazione" e la "personalizzazione" risuonano ancora. Questo è il motivo per cui il potere nella nostra società dovrebbe essere inteso come un concetto "relazionale", cioè un concetto che è associato a una relazione con qualcosa.

Il significato della parola potere nell'Antico Alto Tedesco, nell'Antico Slavo e nel Gotico è abilità, competenza, capacità. È correlata alla parola machen. Segnala quindi una potenzialità. La parola latina 'potentia' (potere) deriva dalla parola 'posse'. Si può tradurre come "essere in grado".

In generale, assegniamo sempre la parola potere al campo verbale del termine dominazione. Le seguenti parole lo suggeriscono: detentore del potere, presa di potere, cambiamento di potere o apparato di potere. Tuttavia, queste parole ci indicano anche che i detentori del potere possono anche mancare di legittimazione politica.

> **Conclusione: la parola potere denota qualcosa di concreto. L'autorità e la regola si basano su fondamenta istituzionali legittimate.**

Capitolo 2: La storia del concetto di potere

L'esercizio politico o legittimato del potere è solo una manifestazione del potere. Eppure è al centro della formazione della teoria e del pensiero.

La prima ad emergere fu la sofistica greca (un gruppo di uomini dell'antica Grecia che avevano conoscenze specializzate in aree teoriche o pratiche). Avevano una visione filosofica del problema del potere.

Il dialogo di Melier (famoso episodio dell'opera storica "La guerra del Peloponneso") di Tucidide (storico greco) tratta la questione del potere interno della legge.

Gli emissari dell'isola di Melos invocano l'utilità dei giusti. Gli Ateniesi, invece, rappresentano la pura posizione di potere di una grande potenza. Di conseguenza, i diritti possono esistere solo se c'è uguaglianza di potere. L'esercizio del potere si basa quindi sulla natura dell'uomo. Esaminiamo l'argomentazione di Platone con la posizione del Sofista: qui, coloro che sembrano essere potenti sembrano piuttosto impotenti. Le loro azioni non sono guidate da ciò che appare migliore. In altre parole, non farebbero ciò che vogliono in realtà, se lo sapessero meglio.

Aristotele si occupò anche del problema del potere. Si occupò della teoria del dominio e della relativa servitù. Il governo da parte di persone libere su persone altrettanto libere è un governo politico in contrapposizione al dispotismo (una forma di governo con un governante o un capo): Qui, il governante e il governato si alternano.

In latino, si fa una distinzione tra **due forme di potere**:

1) autorità ufficiale (potestas = termine inizialmente non definito per indicare qualsiasi potere effettivo di controllo o di decisione) e

2) La reputazione (auctoritas = concetto romano di valore, ha svolto un ruolo importante nella politica della Repubblica Romana).

È proprio qui che entra in gioco Sant'Agostino. Egli parte dal presupposto che non è possibile per una persona governare su altre persone, ma sulla loro mancanza di ragione.

Tommaso d'Aquino (domenicano italiano, uno dei filosofi più influenti, nonché il più importante teologo cattolico) limita questo esercizio del potere a forme ragionevoli di dominio sui liberi.

La pontentia è solo una forma di potestas, secondo Guglielmo d'Alvernia (filosofo e teologo scolastico). Era efficace solo se i subordinati mostravano obbedienza.

Guglielmo di Ockham (famoso filosofo, teologo e scrittore ecclesiastico medievale) si concentra sul potere degli esseri umani di appropriarsi della natura senza proprietari. In questo caso, le persone governano insieme la natura. Crede anche che la proprietà sia un'importante fonte di potere per quanto riguarda la politica. È anche una base materiale per il potere coercitivo politico. Questo è indipendente dal potere divino, ma richiede il consenso dei governati.

"Ogni uomo sia sottomesso all'autorità che ha potere su di lui. Perché non c'è autorità senza Dio; ma dove c'è autorità, è ordinata da Dio". - Roemer 13, Bibbia di Lutero 1545

Marsilio di Padova si spinge ancora oltre per quanto riguarda l'esercizio del potere spirituale. Dice che si tratta di una contraddizione in termini. Per poter mantenere la pace, sarebbe un importante prerequisito che ci sia un solo potere. Ed è proprio questo potere che dovrebbe essere dotato di forza coercitiva. Naturalmente, ai suoi occhi, il potere può derivare da Dio, ma per essere davvero in grado di imporlo, dovrebbero esserci degli strumenti di coercizione. Questi si trovano molto probabilmente in una monarchia elettiva.

Machiavelli comprese che il potere era un fatto pratico in termini di effetti e non una legittimazione come l'autorità. Questo può essere ottimizzato solo tecnologicamente.

Jean Bodin ritiene che i sovrani debbano essere rafforzati attraverso l'acquisizione di legittimità. Tuttavia, questo non significa che un sovrano sia vincolato dalle leggi per poter agire.

Thomas Hobbes ha teorizzato che ogni essere umano ha un potere naturale di appropriazione sulla natura. Questo include anche le differenze di potere e l'idea di una pretesa di governo da parte di ogni essere umano basata sulla legge naturale. La guerra di tutti e contro tutti può essere evitata solo concentrando il potere su un soggetto creato (lo Stato). Nella sua opera Leviathan, Hobbes elimina completamente il problema della giustificazione del potere dal quadro di tutte le teorie del potere.

Lo stato di natura di Spinoza non fornisce alcun criterio normativo per l'uso del potere. Egli afferma che ogni persona ha il diritto naturale di fare tutto ciò che è in suo potere. Il diritto naturale e il potere sono quindi equiparati. Tuttavia, è anche importante capire che la virtù è anche legata al potere. Quando il potere diventa efficace di sua iniziativa, appare come virtù. L'importante è che le persone possano goderne senza dover superare la resistenza.

Anche Immanuel Kant si è occupato del concetto di potere. Ritiene che il governo personale debba essere equiparato al potere statale dell'autorità con la forza. A questo si deve obbedienza. Tuttavia, la legittimazione legale non viene necessariamente presa in considerazione. Di conseguenza, la violenza è un potere. Questo è superiore alla resistenza di altri poteri.

Le esperienze della Rivoluzione francese e il crollo politico-militare dei piccoli Stati tedeschi hanno giocato un ruolo particolarmente importante nei tentativi di definire teoricamente il potere in termini di filosofia politica. Entrambi gli eventi riflettono il radicalismo minaccioso che scatena la violenza attraverso il potere costituzionale-monarchico. Allo stesso tempo, però, questo si identifica anche con l'unificazione nazionale e la centralizzazione burocratica della politica di potere che è diventata possibile.

All'inizio del XIX secolo, la filosofia politica di Fichte, Hegel e Adam Müller rivolse quindi la sua attenzione ai prerequisiti delle posizioni di potere dello Stato nazionale e alle basi spirituali, morali e religiose della legittimazione del potere politico.

Attraverso l'influenza della sua costituzione re-pubblicana autoconcepita, Fichte avvicinò nuova-mente la legge e il potere. Per lui, il concetto, che di-venne legittimante il potere statale attraverso un trat-tato, prese il posto del potere statale. Di conseguenza, potestas e potentia non sono più separate, ma unite.

Adam Müller, invece, ritiene che possa esistere solo una credenza collettiva basata sul potere rispetto al potere fisico.

La teoria concettuale di Hegel definisce il potere come potere in generale. Ciò significa che il concetto di potere significa approssimativamente che è il po-tere superiore di chi detiene il potere sui momenti subordinati. In questo caso, lo Stato rappresenta il po-tere superiore del generale sulla potente sfera del be-nessere privato e del diritto privato.

Il concetto di potere di Hegel è moderno nella misura in cui si estende in modo interattivo, nel senso di una relazione tra due parti. Il potere può finire quando viene contrastato con un "no" e quando viene esercitato con la forza. Può essere assoluto solo come libertà.

Il potere è maggiore dove non si vede. Da questa idea, nel XIX secolo si è sviluppato un trasferimento molto creativo del concetto di potere a molte aree della società. L'analisi della religione ne è un esempio.

Per Marx ed Engels, la trasformazione delle relazioni di potere personali in concezioni fattuali del potere è la caratteristica della società moderna. Questo a sua volta è espresso dal potere del denaro sul lavoro, che è alla base di tutto.

La volontà di potenza di Friedrich Nietzsche costituisce un punto di partenza diverso per la teorizzazione. Egli ritiene che si tratti di una formula per la relazione tra il desiderio, che è insaziabile, una spinta altamente creativa, che è un motivo elementare per tutti gli esseri viventi e che è anche al di là di qualsiasi giudizio morale. Nel XIX secolo, questo concetto è stato ulteriormente sviluppato nella postulata opposizione tra attività vitalistica e raffinatezza culturale. Questo era particolarmente evidente nelle teorie elitarie anti-marxiste, come quelle di Vilfredo Pareto.

Max Weber definisce il concetto di potere come segue: "Potere significa ogni opportunità di affermare la propria volontà all'interno di una relazione sociale, anche contro la resistenza, indipendentemente da quale sia la base di questa opportunità". Queste diverse basi del potere sono sempre più differenziate.

Hannah Arendt ritiene che "il potere nasce quando le persone si riuniscono e agiscono di concerto".

In questo capitolo, avete sentito tutti i nomi di persone importanti. Tuttavia, dato che forse non li conosce tutti, vorrei cogliere l'occasione per ricordare chi erano.

Spinoza * 24 novembre 1632, Amsterdam, Paesi Bassi † 21 febbraio 1677, L'Aia, Paesi Bassi	• Baruch de Spinoza • Filosofo olandese • Figlio di immigrati sefarditi dal Portogallo • È classificato come razionalismo • Considerato uno dei fondatori della moderna critica biblica e religiosa.
Speranza	• Andreas Hoff • Sociologo e gerontologo tedesco
Kant *22 aprile 1724, Königsberg † 12 febbraio 1804, Königsberg	• Immanuel Kant • Filosofo tedesco dell'Illuminismo • Uno dei più importanti rappresentanti della filosofia occidentale • L'opera "Critica della ragion pura" segna un punto di svolta nella storia della filosofia e l'inizio della filosofia moderna.
Abete rosso	• Johann Gottlieb Fichte

* 19 maggio 1762, Rammenau † 29 gennaio 1814, Berlino	• Educatore e filosofo tedesco • Considerato il più importante rappresentante dell'idealismo tedesco
Hegel * 27 agosto 1770, Stoccarda † 14 novembre 1831, Berlino	• Georg Wilhelm Friedrich Hegel • Filosofo tedesco • Il più importante rappresentante dell'idealismo tedesco
Miller * 1956 a Löhne, Westfalia	• Ulrich Müller • Insegnante di grammatica e filosofo tedesco
Marx * 5 maggio 1818, a Treviri † 14 marzo 1883, a Londra	• Karl Marx • Filosofo tedesco, economista, teorico sociale, giornalista politico, protagonista del movimento operaio, critico del capitalismo e della religione.
Angeli * 28 novembre 1820, a Barmen (oggi distretto di Wuppertal) nella provincia prussiana di Jülich-Kleve-Berg	• Friedrich Engels • Filosofo tedesco, teorico sociale, storico, giornalista • Comunista rivoluzionario

† 5 agosto 1895, a Londra	
Nietzsche * 15 ottobre 1844 a Röcken † 25 agosto 1900 a Weimar	• Friedrich Wilhelm Nietzsche • Filologo e filosofo classico tedesco
Weaver * 1 aprile 1864, Erfurt † 14 giugno 1920, Monaco di Baviera	• Maximilian "Max" Carl Emil Weber • Sociologo ed economista tedesco
Arendt * 14 ottobre 1906, Linden-Mitte, Hannover † 4 dicembre 1975, New York, Stati Uniti	• Hannah Arendt • Teorico politico e pubblicista ebreo-tedesco-americano
Bodin * 1530, Angers, Francia † 1596, Laon	• Jean Bodin • Considerato il primo teorico dello Stato francese di spicco, il fondatore del concetto moderno di sovranità e un primo sostenitore dell'assolutismo con la sua opera sulla teoria dello Stato "Les six livres de la République".
Hobbes	• Thomas Hobbes

* 5 aprile 1588, Westport, Wiltshire † 4 dicembre 1679, Derbyshire, Regno Unito	• Matematico, teorico politico e filosofo inglese • Divenne famoso grazie alla sua opera principale, il "Leviatano". • Considerato il fondatore dell'"assolutismo illuminato".
Machiavelli * 3 maggio 1469, Firenze, Italia † 21 giugno 1527, Firenze, Italia	• Niccolò di Bernardo dei Machiavelli • Filosofo, diplomatico, cronista, scrittore e poeta italiano • La sua opera "Il Principe" lo rende uno dei più importanti filosofi di Stato dei tempi moderni.
Marsilio di Padova * 1275, Padova, Italia † 1342, Monaco di Baviera	• Teorico dello Stato italiano, politico e pubblicista
Guglielmo d'Alvernia * 1190, Aurillac, Francia † 1249, Parigi, Francia	• Filosofo e teologo della Scolastica
Guglielmo di Ockham * 1285, Ockham, Regno Unito	• Famoso filosofo medievale, teologo e scrittore sulla politica ecclesiastica

† 10 aprile 1347, Monaco di Baviera	
Tommaso d'Aquino * 1225, Roccasecca, Italia † 7 marzo 1274, Italia	• Frate domenicano italiano, uno dei filosofi più influenti, il teologo cattolico più importante
Tucidide * 454 a.C., Atene † 399/396 a.C., Atene	• Storico e stratega greco
Vilfredo Pareto * 15 luglio 1848, Parigi, Francia † 19 agosto 1923, Céligny, Svizzera	• Vilfredo Federico Pareto • Ingegnere, economista e sociologo italiano • Considerato un rappresentante della scuola di Losanna dell'economia neoclassica. • Si è fatto un nome come fondatore dell'economia del benessere.

Capitolo 3: Una medaglia non ha un solo lato

Come il capitolo due ha già mostrato, il potere è una questione molto grande che ha sempre preoccupato l'umanità. Non importa di che età sia una persona, a quale cultura appartenga, se sia maschio o femmina, tutti vogliono avere potere.

Se si chiede ad altri di parlarne, la maggior parte delle persone risponderà: "No, non ho bisogno di energia e non la voglio nemmeno". Ma perché è così?

Il motivo è che il potere è quasi sempre associato a qualcosa di negativo. Chi è potente si approfitta degli altri come un topo di chiesa. Questo viene rappresentato anche in molti film in cui ci sono dei re. I re che aumentano le tasse e non prestano attenzione all'operato del popolo sono visti come meschini.

Tuttavia, non sono solo i film con i re potenti e cattivi a plasmare questi modi di pensare, ma anche la grande quantità di esperienze, che possono essere anche negative, che una persona raccoglie nella sua vita.

Probabilmente ha sentito dire che le persone che hanno molto potere camminano sui cadaveri, sono ricche, ma siedono a casa da sole e solitarie. Questa descrizione non si applica certamente al potere. E questo ci porta al tema di questo capitolo: ci sono sempre due facce della medaglia, non solo una. Non stiamo parlando di potere, ma di impotenza.

Questa impotenza, di cui la persona interessata probabilmente non è consapevole o lo è solo inconsciamente, le fa credere di essere potente. E questo è esattamente ciò che sperimentiamo ogni giorno. I media ne parlano, lo sperimentiamo in prima persona al lavoro, ma può accadere anche a casa. Molte persone credono di essere potenti perché sono più in alto degli altri, ma in realtà si sentono molto sole nella loro posizione. Il potere non ha nulla a che fare con le cose materiali o le posizioni più elevate, ma con il modo in cui si presenta come persona e come viene percepito e accettato dagli altri. Un leader che è temuto da tutti pensa di essere potente, ma in realtà sta solo allontanando tutti gli altri e si sente solo. Un leader potente può mostrare empatia e fiducia nei confronti dei suoi collaboratori e promuoverli in modo ottimale. L'impotenza è quindi onnipresente e ci fa credere che le persone abbiano potere. Per questo motivo, non esiste nemmeno un'immagine positiva del potere. Di conseguenza, le persone si stanno abituando sempre di più all'impotenza mascherata in modo aggressivo ed è proprio questa impotenza a dominare la politica e l'economia.

Si può anche dire che si tratta di una copia a buon mercato del vero potere, oppure si può descrivere questo potere con la parola potere di controllo. Ora si starà chiedendo come si può distinguere questo potere dall'impotenza. Fondamentalmente, è abbastanza semplice, perché l'impotenza è molto lineare. Si può anche paragonare il potere di controllo a una scala su cui si devono assegnare i singoli gradini. Se si vuole essere in cima, bisogna essere in fondo per ogni altro. Quindi, più una persona arriva in alto, più un'altra si trova in basso. Questo è noto anche come ordine di cerchia e in questo ordine, alcune persone faranno di tutto per ottenere il potere.

La persona che vuole salire la scala combatterà attraverso le relazioni, le conquiste e tutti i tipi di manipolazione, ed è logico che pesti i piedi agli altri nel processo. Combatterà anche con mezzi completamente diversi, se questi sembrano necessari, ad esempio attraverso l'intrigo. In questo modo, danneggia gli altri e si assicura di avanzare nella scala della carriera. Per coloro che desiderano il potere, l'obiettivo più importante è arrivare in cima.

Probabilmente crede che l'aria sia migliore lassù

che in basso. Se fosse effettivamente in grado di salire la scala fino in cima, si renderebbe conto di essere di nuovo in fondo, perché c'è sempre qualcuno sopra di noi. In altre parole, c'è ancora molto da fare. Se una persona sembra avere potere, un'altra persona è impotente. Qui la questione di chi detiene effettivamente lo scettro è molto interessante perché, come già detto, non si tratta di potere ma di controllo e il controllo è, per così dire, l'immagine dell'impotenza. Quindi non ci può essere un vincitore.

Il potere ha un significato diverso. Il potere non dovrebbe creare vincitori e vinti, ma piuttosto essere in grado di realizzare e rendere possibile qualcosa. Tuttavia, se non c'è guadagno, il potere è distorto. Le persone hanno un grande potenziale, ma quando il potere è sbagliato, questo potenziale non viene realizzato, ma rimane nascosto. Per trovare una via d'uscita da questo potere di controllo, le persone coinvolte devono rendersi conto che non si tratta di "tu o io", ma di ritrovarsi e di percorrere il cammino insieme. Vediamo **due esempi:**

1) Hannah e Maria sono entrambe insegnanti di scuola materna. I bambini non hanno riordinato bene la stanza delle costruzioni e sono andati a casa con i loro genitori. Hannah avrebbe dovuto finire il lavoro. Maria ora deve riordinare la stanza delle costruzioni

da sola. Hannah potrebbe semplicemente andarsene, ma aiuta Maria perché condividere il lavoro è metà dell'opera. Quindi non si ostacolano a vicenda, ma si aiutano a vicenda.

2) Il sole splende. Tina vuole sedersi al sole e godersi il bel tempo. Anche Lara vorrebbe sedersi al sole, ma non vuole prendere il posto di Tina. Ma Tina le chiede di unirsi a lei, perché anche se sono in due a sedersi al sole, tutti prendono abbastanza sole.

Se Hannah fosse semplicemente andata a casa ora, sarebbe stata d'intralcio a Maria e avrebbe perso molto tempo libero per pulire. E se Lara si fosse semplicemente fermata davanti a Tina, non avrebbe avuto più sole. Di conseguenza, ora è possibile sfruttare tutto il potenziale a disposizione.

Forse nel suo ufficio o nella sua organizzazione c'è un manager che si vanta costantemente della posizione importante che ricopre? Questo la fa sentire in colpa o addirittura svantaggiato? Posso dirle subito che non deve più sentirsi in colpa, perché un manager è solo umano e non è in alcun modo migliore di chiunque altro. Può avere il sopravvento, ma il fatto è che un capo è solo un essere umano come lei e me.

Se un manager è impotente e si comporta nel modo appena descritto, allora è un problema per tutti. Questo a sua volta si applica a tutti i possibili ambiti della vita, come la famiglia, gli amici o il lavoro, e persino al mondo intero. L'impotenza dei presunti potenti non è più solo la loro impotenza, ma quella di tutti. Ed è proprio a questo punto che il potere diventa qualcosa di negativo.

Capitolo 4: L'alimentazione esterna è supportata dall'alimentazione interna

Etimologicamente, il termine potere può essere ricondotto a "magan", che è una parola gotica. Si riferisce alla capacità di produrre qualcosa. Questa capacità non è né positiva né negativa, ma neutra. Gli effetti positivi o negativi diventano visibili solo quando la persona con potere agisce o non agisce. Il fatto che il potere venga effettivamente utilizzato è quindi fondamentale per poter valutare gli effetti. Il problema non è quindi il potere, ma la persona che non ha imparato a gestirlo.

Ma come si impara a gestire il potere? Una persona ha bisogno di qualità positive per poter usare il potere in modo positivo? Troverà le risposte a queste domande nel seguente testo.

In primo luogo, dobbiamo distinguere tra potere esterno e potere interno. Quando parliamo di potere esterno, ci riferiamo alle azioni che sperimentiamo come trasformative. Questo include, ad esempio, forme di potere come il potere relazionale, il potere specializzato o il potere informativo. Di solito, una persona che detiene le forme esterne di potere viene classificata come potente. Quindi, chiunque detenga una posizione è considerato potente. Di conseguenza, le forme esterne di potere non sono il potenziale della persona, ma della posizione. Le forme esterne non ci dicono se la persona al potere è effettivamente in grado di gestire il potere della sua posizione. È il potere interiore che permette alla persona di gestire in modo appropriato le qualità esterne.

Il potere interiore di una persona deriva dai 7 pilastri del potere, di cui parleremo più dettagliatamente in seguito. I 7 pilastri sono: Passione, Amore, Comunicazione, Etica, Conoscenza, Autocontrollo e Fortezza. Chi ha queste capacità al suo interno è in grado di gestire anche le forme esterne di potere. Per questo motivo, è importante imparare a sviluppare il proprio potere interiore, perché solo chi riesce a farlo sarà in grado di affrontare e regolare le forze esterne.

Se guardiamo ai politici, sappiamo che molte persone li considerano molto potenti e che hanno la possibilità di fare la differenza. Purtroppo, però, molti politici tendono a presentarsi come impotenti. Ciò è reso evidente dalle molte guerre che si combattono nel mondo per portare la pace.

Se ha appena letto questa frase, si renderà conto

che il potere reale è distorto. Pensiamo all'educazione dei bambini: non diciamo a un bambino di colpire l'altro perché ha iniziato lui per primo. Non è questo il modo di portare la pace. E ciò che ci viene presentato nel mondo viene gestito allo stesso modo dalla maggior parte delle persone internamente. Le cose che non voglio o che non funzionano come voglio, voglio liberarmene e non tenerle più. Tuttavia, la psicologia ci insegna da molti anni che le cose che respingiamo ci raggiungeranno prima o poi, perché si bloccano nel nostro subconscio in modo spiacevole. Ad un certo punto, però, questi aspetti scissi della personalità riemergono. Si parla anche di terrorismo nella propria psiche. Si capisce quindi che una politica del genere non può funzionare.

Capitolo 5: Quando i potenti sono impotenti

Non è raro che un manager venga letteralmente gettato nella mischia. In molte professioni, qualcuno riceve una promozione senza che gli venga detto che il ruolo di manager comporta requisiti completamente diversi e unici, con i quali deve prima familiarizzare. Può darsi che ci sia una mancanza di conoscenza su cosa sia effettivamente la leadership. In quale altro modo alcune persone hanno l'idea di promuovere qualcuno?

Di conseguenza, il nuovo manager non sa nemmeno quali sono i suoi compiti. Dopo tutto, non c'è preparazione per il nuovo manager. E ora immagini come si sentirà lei quando si troverà immerso in una nuova realtà. Quando dico di immaginarlo, intendo dire di visualizzarlo davvero. Poi ci sono le persone a bordo piscina che le urlano domande, come ad esempio perché non sta nuotando più velocemente. Poi ci sono quelli che le chiederanno di mostrare finalmente ai suoi colleghi, in questo caso le persone che sono inferiori a lei, come nuotare correttamente. Altri le urleranno che non dovrebbe ingerire così tanta acqua perché, dopo tutto, bisogna risparmiare.

Da un punto di vista professionale, molti manager hanno un grande potenziale, ma a causa della mancanza di preparazione per la nuova posizione, questo potenziale non può essere sfruttato appieno. Non sorprende quindi che molti manager siano impotenti, ma che vengano comunque classificati come potenti. Possiamo dire che i potenti sono impotenti. Se cerchiamo la causa di questo problema, dobbiamo renderci conto che si tratta della mancanza di conoscenza dei compiti che un manager deve effettivamente svolgere. Il fatto è che almeno il 70 % dovrebbe essere pura leadership e il restante 30 % dovrebbe essere lavoro tecnico.

Di conseguenza, è compito di un manager promuovere e guidare i dipendenti in modo che possano lavorare bene a livello professionale. Tuttavia, se il manager lavora anche a livello professionale, i dipendenti non ricevono questa energia. I dipendenti non hanno la possibilità di lavorare sui loro compiti, perché il manager lo sta già facendo. Un team non può essere ottimizzato in questo modo. Un ottimo esempio è il seguente: Immaginiamo che un capoufficio di una nota azienda automobilistica voglia improvvisamente installare lui stesso un motore. Potrebbe essere divertente di tanto in tanto, ma questo dovrebbe rimanere un esperimento una tantum. Ogni dipendente di un'azienda ha la sua specialità.

È anche vero che non può guidare i suoi dipendenti più di quanto non possa fare lei stesso. Ha imparato a guidare se stesso? I tentativi di controllo e manipolazione rendono evidenti le debolezze. Tuttavia, questo non è positivo per nessuno, né per lei come manager, né per i suoi collaboratori. La sicurezza e l'impotenza sono percepite da entrambe le parti.

Il fatto è che molti superiori stessi sanno di mostrare agli altri di essere più potenti di quanto non siano in realtà. All'esterno si presentano come una personalità forte, ma all'interno l'aspetto è molto diverso. Queste persone hanno una grande paura di essere riconosciute. Per evitarlo, adottano un'immagine fredda. Tuttavia, questa immagine può apparire rapidamente come arrogante, ma inizialmente è come uno scudo protettivo per loro. Si potrebbe anche dire che il guscio duro brilla e lo si può vedere da lontano. Tuttavia, se ci si avvicina, ci si rende conto che all'interno è molto diverso.

Capitolo 6: Un buon manager

Questa è una domanda che tutti i responsabili delle risorse umane probabilmente si pongono. Che cosa rende un buon manager? Purtroppo, le risposte a questa domanda sono spesso deludenti. La risposta a questa domanda deve essere data sia dal potere esterno che da quello interno. Il potere esterno si riferisce al manager. Questo deve essere ampliato a livello professionale con conoscenze e tecniche. Il potere interiore, invece, si riferisce alla maturità personale. Questo viene rafforzato attraverso lo sviluppo della propria personalità. La domanda potrebbe quindi essere risolta come segue: un buon manager è una persona che ha la maturità personale per regolare il proprio potere esterno. Quindi, se il potere interiore di una persona è ben sviluppato, si dice che è un leader. Di conseguenza, un buon leader è sempre una persona che è diventata un buon leader.

Ma il fatto è che la tecnologia da sola non basta. Non è sufficiente svilupparsi senza ulteriore formazione, ma solo attraverso l'esperienza. Il motto "imparare facendo" non è più valido e anche se si è avuta una buona formazione tecnica, non significa che questa sia una base affidabile per far progredire un'azienda.

Possono verificarsi delle interruzioni nel processo di lavoro, ad esempio a causa di una mancanza di comunicazione o di conflitti. E probabilmente ha anche sperimentato che queste interruzioni non possono essere evitate. E' anche vero che le interruzioni tendono ad essere messe da parte, piuttosto che lavorare insieme in modo costruttivo.

Anche uno specialista formato in modo ottimale, ma che non conosce i suoi modelli comportamentali, non può più svolgere i suoi compiti. Per iniziare un percorso verso un futuro migliore, molte aziende scelgono quindi l'"assessment center", un metodo con cui gli specialisti possono essere valutati. Le aziende che si muovono al passo con i tempi sanno che questo è solo l'inizio e che lo sviluppo di un manager richiede molto di più della formazione sui modelli comportamentali.

Lo sviluppo del personale significa anche sviluppo personale e questo è il risultato della consapevolezza di sé. Pertanto, non è sufficiente mettere in pratica i comportamenti desiderati. È necessario aiutare i manager a gestire la realtà emotiva. Naturalmente, il comportamento può essere provato, ma questo segue processi interni. E come certamente saprà, questi avvengono inconsciamente e non possono essere controllati, eppure in caso di emergenza determinano il comportamento da tenere.

Vorrei fornirle un **esempio** che descrive la teoria.

Anja è la direttrice di un asilo nido. È intelligente e competente, apprezzata, ben istruita e formata. Sa esattamente quali sono i suoi compiti e come può svolgerli al meglio.

Allo stesso tempo, conosce anche le sue debolezze, ma a volte le sue emozioni hanno la meglio su di lei. Allora non è in grado di reagire in modo appropriato. A volte è esposta a situazioni che possono essere molto difficili. Sa come reagire, ma a volte sbatte letteralmente i pugni sul tavolo.

In queste situazioni, i suoi dipendenti sono perplessi e imbarazzati. Anja è consapevole che questo non è un comportamento corretto. Pertanto, ha ripetutamente provato altre opzioni comportamentali durante vari corsi di formazione. Quando si sente bene, anche queste funzionano, ma se ha una giornata no, ricade nei suoi vecchi modelli comportamentali. Si rende conto di questo solo quando guarda i volti dei suoi colleghi.

Ma come può Anja imparare a non ricadere nei vecchi modelli di comportamento?

Ci sarà qualcuno che le chiederà dove ha imparato questo comportamento. A volte ciò è dovuto a esperienze imbarazzanti dell'infanzia. Forse è stato suo padre che era solito sbattere sul tavolo o qualcuno della sua stretta cerchia di amici. È importante che Anja lo capisca per poter cambiare il proprio comportamento in modo permanente.

Non si impara a risolvere i problemi solo nei

seminari sulla comunicazione. Dopotutto, nella nostra infanzia ci sono stati abbastanza problemi per cui ci siamo sentiti impotenti e abbiamo dovuto risolverli in qualche modo.

Ha mai sognato come sarebbe se potesse semplicemente cambiare le carte in tavola? Immagini di essere lei a mettere la pelle sul tavolo e non il contrario.

Da bambino, spesso si hanno questi pensieri. Quando è adulto, però, questi pensieri hanno un significato emotivo molto più grande. Le soluzioni apprese da bambino hanno ancora un significato emotivo, ma quelle apprese da adulto hanno un significato cognitivo.

Purtroppo, la nostra energia si trova nell'intestino. Da qui deriva l'espressione "prendo le decisioni in base all'istinto". Ma ovviamente sarebbe meglio prendere le decisioni con la testa. Con questo esempio di Anja e con le altre spiegazioni, vorrei mostrarle che non ha senso cercare un comportamento ideale che non sarebbe comunque in grado di mantenere a lungo termine. È la sua personalità che si metterà sempre in mezzo. Una tecnica appena appresa può essere buona solo quanto la persona che l'ha appresa. Quindi, se vuole cambiare qualcosa del suo comportamento, è importante fare un'autodichiarazione.

Ricordi che la tecnica e l'autospiegazione devono

sempre essere utilizzate insieme perché funzionino. I-
noltre, ricordi che l'energia esterna e quella interna
sono necessarie insieme, poiché si sostengono a
vicenda.

Se vuole essere un buon leader, è innanzitutto
importante che conosca meglio se stesso. Naturalmente, non è sempre facile, ma si renderà conto che
sarà più facile essere un buon leader quando si cono-
scerà meglio.

Una volta che avrà imparato a conoscersi meglio,
potrà anche migliorare le proprie competenze, il che
a sua volta avrà un effetto positivo sulla sua situazione personale e sulla sua capacità di gestire le relazioni. E se tutte queste aree funzionano bene, sarà anche più facile per lei guidare un team. La differenza
sta proprio nel fatto che lei stia solo fingendo di essere
un buon leader o che lo sia davvero. Si renderà conto
rapidamente che non si preoccupa più di scegliere le
parole giuste o se il suo linguaggio del corpo è appropriato, ma semplicemente di esserlo. Non deve
cambiare il suo carattere nel processo, ma deve solo
svilupparlo costantemente.

Capitolo 7: Stato dell'ego e personalità

Molte persone che occupano una posizione di leadership desiderano naturalmente ricoprire questa posizione nel miglior modo possibile. Tuttavia, se il loro comportamento, il modo in cui guidano un team, è effettivamente efficace, dipende sempre dalla loro personalità e da come questa viene messa in gioco. Lei è un manager? Si è mai chiesto se sta realizzando davvero il suo potenziale? Il suo apporto al team favorisce un buon lavoro di squadra? Prima di iniziare ad analizzare i suoi modelli comportamentali, dovrebbe prima conoscere le strutture della sua personalità. Il modello dello stato dell'ego costituisce la base per l'analisi della transazione. Questo modello, che si occupa della personalità umana, raffigura le strutture dei sentimenti, dei pensieri e dei comportamenti di una persona e verifica se sono fedeli alla vita e pratici.

Si distingue tra tre stati dell'ego, che sono molto complessi. E sono proprio questi che formano la struttura di base della personalità di una persona. Ciò che rende unica ogni persona è il modo in cui i singoli stati sono caratterizzati e l'energia con cui agiamo nelle singole situazioni.

Questo modello è costruito esattamente nello stesso modo del pupazzo di neve. È composto da tre sfere. Lo stato dell'Io bambino K costituisce la base. Tutti siamo stati bambini e le qualità che avevamo da bambini rimangono con noi. Non importa quanti anni abbiamo adesso. Quando siamo nello stato dell'Io bambino K, il nostro pensiero, il nostro comportamento e i nostri sentimenti sono esattamente gli stessi della nostra infanzia. A volte eravamo timidi, a volte selvaggi e giocosi e altre volte eravamo affascinati dalle cose. Conosce il detto "il bambino nell'uomo"? Significa esattamente questo. Ognuno di noi ha un bambino interiore che a volte ride o piange, pensa in modo creativo e intuitivo o agisce spontaneamente, e a volte cerca di manipolare l'altra persona. Immagini un uomo in giacca e cravatta accovacciato sul pavimento che cerca di far muovere una macchina giocattolo. In questo momento, si vede l'ego bambino K in azione.

Da bambini, tutti imparano dai genitori o dagli altri adulti che li circondano come devono comportarsi. Se guardiamo retrospettivamente, qualcuno era già in piedi sopra di noi sulla scala all'epoca. La sfera di neve superiore è quindi l'ego genitoriale EL.

Quelle istruzioni, regole, permessi o persino principi che ci sono stati insegnati dai nostri genitori sono profondamente interiorizzati nel nostro ego genitoriale EL. Si potrebbe anche dire che abbiamo memorizzato tutto ciò che abbiamo vissuto e che ci è stato detto durante l'infanzia come una copia. E tutto questo può essere richiamato tutte le volte che vogliamo. A volte ci comportiamo come abbiamo visto e sentito comportarsi i nostri genitori. Abbiamo memorizzato inconsciamente una parte di questo per noi stessi. Nelle situazioni giuste, utilizziamo questa conoscenza quasi automaticamente, senza riflettere. Forse anche lei ha vissuto situazioni in cui ha usato un certo comportamento, ma non ne conosceva nemmeno il motivo. Eppure si è comportato esattamente nello stesso modo. Se le chiedessero il motivo, la sua risposta sarebbe probabilmente: "Si fa così". Sapeva che parole come "dovrei" o "tu" sono parole tipiche dell'ego genitoriale EL? Un comportamento tipico dell'ego genitoriale EL potrebbe essere, ad esempio, il dito indice allungato.

E se ora immagina che ci siano solo questi due casi, sa che non può funzionare, perché se ripensa alla sua infanzia, quello che vogliono genitori e figli non è mai lo stesso.

Spetta quindi all'Io adulto ER decidere quale direzione prendere. Le domande su ciò che ha davvero senso o su ciò che deve essere fatto giocano un ruolo importante in questo caso.

L'Io adulto ER forma la sfera centrale del nostro pupazzo di neve. E poiché si trova al centro, può anche essere descritto come un cuscinetto, in quanto armonizza gli altri due. Attraverso il nostro ego ER adulto, la realtà viene vissuta anche nel qui e ora. Questo ci permette di assorbire ed elaborare le informazioni. Con questa sfera, possiamo riconoscere i collegamenti, soppesare le cose e infine trarre le nostre conclusioni. Questa è la base delle nostre decisioni.

Grazie all'ego ER adulto, il nostro comportamento è logico, oggettivo e coerente. Possiamo descrivere le percezioni, possiamo spiegare le connessioni anche senza essere coinvolti. Tuttavia, se siamo coinvolti in prima persona, è difficile mantenere questo comportamento. È facile affermare che si tratta di una decisione adulta, ma a volte non è affatto così. È qui che entra in gioco l'Io bambino K, che trova buone ragioni per ribellarsi. Quando l'ego genitore EL è attivo, rimprovera. Se lei si trova nell'Io bambino K, ma sostiene qualcos'altro, si tratta di un offuscamento. In questo caso, l'Io adulto ER si sovrappone a uno degli altri due stati. Ciò significa che ci sono poche possibilità che lei adempia davvero ai suoi compiti in modo appropriato.

7.1 L'IO GENITORE

È tutt'altro che piacevole per i dipendenti quando un manager agisce in base al proprio ego genitoriale. Un manager sa sempre cosa vuole ottenere. All'inizio non è una cosa negativa, ma come detto nel terzo capitolo, ci sono sempre due facce della medaglia. Per raggiungere il suo obiettivo, il manager può essere iperprotettivo o altrettanto critico sul fatto che non raggiungerà il suo obiettivo. I manager iperprotettivi tendono a togliere ai loro dipendenti tutte le cose essenziali e a portarle a termine da soli. In questo modo, vogliono ottenere solo una cosa, ossia proteggere le proprie capacità. Di conseguenza, i dipendenti vengono tenuti a terra. Non viene data loro la possibilità di realizzare il proprio potenziale e di acquisire esperienza. Nessuno vuole sopportare tutto questo. I dipendenti quindi si oppongono. Tuttavia, alcuni dipendenti si adattano al comportamento del manager e purtroppo a un certo punto credono davvero di non poter fare certe cose. Di conseguenza, essi stessi lavorano in modo meno efficace.

Tuttavia, ci sono manager con un ego genitoriale molto più critici. Si riconoscono dal fatto che amano criticare e persino sopprimere i loro dipendenti, ovviamente solo per il loro bene. I manager dall'ego genitoriale ipercritico sono fermamente convinti di essere la persona più importante dell'azienda e che solo le loro decisioni contano. I dipendenti che non vogliono esporsi a questi manager lasciano il lavoro molto presto o rimangono in silenzio. Nessuno degli altri dipendenti mostrerà iniziativa o si assumerà responsabilità personali, perché il loro obiettivo è sopravvivere alla routine lavorativa quotidiana sotto questi manager.

I dirigenti hanno il dovere di sostenere i loro dipendenti, di incoraggiarli nei momenti difficili e di avere fiducia nelle loro capacità. È ovvio che un manager con l'ego del genitore, che sia ipercritico o iperprotettivo, non può svolgere questo compito. I dipendenti non vengono quindi sostenuti o incoraggiati. Tuttavia, poiché i dipendenti vogliono evitare una controversia - dopo tutto, molti pensano che un capo debba essere rispettato e che sia più probabile che venga creduto davanti alle autorità superiori - non dicono nulla e si lasciano intimidire dal manager. Il risultato è una resistenza passiva e una perdita di autonomia. Ogni dipendente esposto a un manager di questo tipo vuole solo scappare.

7.2 L'IO BAMBINO

Se ha un manager che agisce principalmente in base all'ego infantile, è altrettanto difficile. Naturalmente, può essere bello avere un capo che si comporta come un buon amico, ma può anche essere difficile. I manager che agiscono dall'ego infantile trovano molto difficile prendere decisioni. Si adattano ad agire in modo molto spontaneo. Questo è molto stressante per i dipendenti. Si sta chiedendo perché? Immagini che il suo capo dica qualcosa e che l'intero team sia d'accordo, ma il giorno dopo non si applica una sola parola. Dopodomani, non si ricordano nemmeno di averla detta e viene richiesto a lei e ai suoi colleghi qualcosa di completamente diverso. Nessuno vuole questo.

I manager bambini amano anche esprimere i loro stati d'animo all'esterno e molto spesso li fanno percepire ai loro dipendenti.

I bambini a volte sono molto timidi e riservati. Anche un leader dell'ego infantile può essere così in certe situazioni. Non è raro che aspettino di vedere cosa ha da dire l'autorità superiore. Il compito di un manager è quello di fungere da modello per i propri dipendenti. Deve anche essere in grado di prendere decisioni. Se il manager non è in grado di fare tutto questo, diventa difficile per il personale che gli riferisce e può causare un'enorme frustrazione.

Se ha un manager bambino-me, diventa subito chiaro che non è in grado di gestire le responsabilità che gli vengono assegnate e la gestione di un team. Questo a sua volta porta i dipendenti a cercare di prendere il comando, perché l'azienda deve funzionare in qualche modo. Questo porta molto rapidamente all'aggressività. Il rapporto tra il personale e l'attuale manager è già tutt'altro che ideale. Non è quindi riprovevole che un team cerchi di sbarazzarsi di un tale manager.

7.3 L'IO ADULTO

Se un manager comprende davvero i suoi compiti e li gestisce senza problemi, è perché il suo ego adulto non è offuscato. Questo leader è in grado di passare attraverso tutti e tre gli stati dell'ego in pochi secondi e di controllarli.

Un leader di questo tipo è in grado di riconoscere la propria ribellione interiore e poi di indirizzarsi consapevolmente dallo stato dell'Io bambino K verso lo stato dell'Io adulto ER. Solo in questo modo può soddisfare le richieste che lo attendono come leader.

Affinché ciò si realizzi, è importante la conoscenza degli stati personali dell'ego. Inoltre, il manager deve anche essere in grado di controllarsi. Solo così potrà evitare di cedere alla ribellione che lo stato dell'Io bambino K scatena in lei. Se vuole essere in grado di controllarsi e conoscersi meglio, la formazione è importante, ma lo è anche l'auto-illuminazione.

Capitolo 8: Aspettative emotive dei manager

Per ogni dipendente, la direzione di un'azienda è simile a un genitore. Sono posti al di sopra di noi e ci dicono cosa fare, proprio come facevano i nostri genitori. Da bambini, si fa esperienza di cosa significhi essere guidati. Queste esperienze ci accompagnano per tutta la vita. Una volta trovato un lavoro, il manager è la "persona grande" che sta sopra di lei. I dipendenti sono "i piccoli". Tutti noi abbiamo avuto esperienze diverse a casa. A seconda di queste, ci comporteremo anche nel nostro rapporto di lavoro. Ciascuno si comporterà quindi come da bambino e si mostrerà al manager come ai propri genitori. Poiché anche i manager sono diversi, si ristabiliranno i vecchi schemi della relazione. Il dipendente inizialmente si aspetta che il manager si comporti come i suoi genitori. Di conseguenza, il dipendente inizialmente ritorna all'Io bambino K. Poi dipende dalla reazione forte del manager. Se il manager reagisce con forza, il dipendente si sentirà inconsciamente rafforzato nel suo comportamento dell'Io bambino.

E anche se il manager è premuroso o severo nelle

sue richieste come il padre, il dipendente reagirà comunque dall'ego del bambino K. Il motivo è che è proprio qui che viene rinforzato emotivamente. Il motivo è che viene rinforzato a livello emotivo. Di conseguenza, il dipendente non può assumersi la responsabilità o agire di propria iniziativa.

I dirigenti spesso si chiedono cosa non va nei loro dipendenti e fanno paragoni con la loro vita privata, che di solito gestiscono. Naturalmente, tutti gestiscono la propria vita privata, ognuno a modo suo. Quindi la domanda dovrebbe essere come costruire un rapporto sano con gli altri. I dirigenti devono quindi scoprire cosa possono fare per aiutare quando uno dei loro dipendenti si trova nel suo stato infantile e vi rimane.

Un altro compito del manager è quello di essere all'avanguardia in questo senso. Il manager deve essere in grado di riconoscere il disallineamento tra le due parti. Quindi, se il manager riesce e riconosce anche che il dipendente si vede nell'Io bambino K, deve essere ancora possibile per lui agire dall'Io adulto ER.

Se il manager si comporta in base all'ego ER adulto, farà appello anche all'ego ER adulto del dipendente. Questo permette al dipendente di contribuire con tutte le sue competenze. Questo è il modo per incoraggiare la cooperazione e il pensiero indipendente.

Se il manager riesce a fare questo, sarà ricompensato molto generosamente dal suo dipendente, in quanto dimostrerà di essere in grado di agire sotto la propria responsabilità, di dimostrare auto-motivazione e di agire di propria iniziativa.

Capitolo 9: L'archetipo

Alcuni dipendenti attribuiscono inconsciamente e automaticamente un ruolo genitoriale al manager. Questo è il punto che diventa molto eccitante, perché ciò avviene per uno scopo molto specifico, anche se inconscio.

Ciò solleva la questione di cosa si spera effettivamente da una posizione dirigenziale nel profondo. Questa speranza interiore corrisponde all'immagine interiore che abbiamo di una persona. Questa immagine è chiamata anche archetipo. Un'altra spiegazione è che si tratta delle motivazioni che l'anima umana ha. Queste esistono in tutte le culture e in ogni persona. Che si tratti di desideri, sogni o azioni, queste immagini possono essere osservate ripetutamente.

Spesso si pensa che ogni dipendente lavori solo per il denaro. Ma se siamo onesti e apriamo gli occhi, le persone lavorano anche per il riconoscimento. Questo riconoscimento può essere visto, ad esempio, come un feedback sulle prestazioni o un riconoscimento per determinati ruoli. Tutti hanno un bisogno fondamentale che gli altri svolgano un certo ruolo nella loro vita. Tutti sperano segretamente di incontrare una persona che soddisfi le loro aspettative. Il leader svolge uno di questi ruoli. Un leader corrisponde all'archetipo del mentore.

Diamo un'occhiata più da vicino alla parola 'mentore'. Ad esempio, Telemaco, che sta compiendo un lungo viaggio, è accompagnato da una figura che lo protegge e che si chiama Mentore.

In questa storia, l'archetipo è spesso visto come un uomo saggio o un consigliere. La sua figura è sinonimo di maturità e conoscenza. Sostiene il giovane viaggiatore nelle sue avventure e nella padronanza della propria vita.

Se confrontiamo questo mito con la vita normale, ogni dipendente è il proprio eroe. Ognuno affronta la vita a modo suo. Tutti vogliono qualcuno al loro fianco che li protegga e li sostenga. Un mentore dovrebbe prepararli per il loro percorso futuro, insegnare loro qualcosa, formarli e anche metterli alla prova. Questo dà a tutti fiducia e li aiuta a superare le proprie paure.

È normale che ogni dipendente abbia delle debolezze. Questi vengono bilanciati dai punti di forza del manager. Il manager fornisce al dipendente l'energia che gli manca per essere effettivamente in grado di svolgere i propri compiti. Il manager aiuta anche i dipendenti a svilupparsi ulteriormente. Anche in questo caso, diventa chiaro che il manager deve sostenere i suoi dipendenti in modo equo.

Un'immagine interiore positiva del dipendente è quindi di grande importanza per il manager. Si può anche dire che si tratta di un'imago che corrisponde allo stato ottimale del dipendente. Se è vero che l'imago è in grado di svolgere i suoi compiti e di continuare a svilupparsi, allora anche il dipendente può farlo. Se un manager vede i suoi dipendenti come limitati, questo li porta a essere trattenuti dal manager. Sarà una lotta quotidiana per potersi sviluppare ulteriormente, perché il dipendente lo percepirà. Se gli altri non hanno fiducia in lei, diventa ancora più difficile avere fiducia in se stessi. Il ruolo di un mentore può quindi avere un effetto protettivo sul dipendente, ma può anche essere pericoloso. Un mentore deve motivare e ispirare i suoi collaboratori. Se svolge un ruolo di mentore, deve essere in grado di guidare e formare il dipendente. In questo modo, il dipendente sarà in buona salute sia nella vita che nel lavoro.

Il fatto è che questa figura archetipica ha un potere suggestivo molto forte *. E purtroppo questo viene sfruttato troppo spesso. Una persona che è piuttosto debole di coscienza cadrà molto rapidamente nella manipolazione.

Adolf Hitler, ad esempio, era uno di questi

mentori perversi. Si può anche dire che era un mostro tirannico che cercava di nascondere l'impotenza in cui si trovava. Per farlo, usava il potere del controllo.

È tipico di questi tiranni l'avidità di controllo e l'impossessarsi di tutto per sé. Il danno che provocano è molto grande. Questo vale per l'intera sfera di influenza, ad esempio la famiglia, un'azienda o un solo reparto. Non importa quanto bene funzioni l'azienda. L'ego del bullo è molto gonfiato. Questo è una maledizione per il suo ambiente, ma anche per lui stesso. La sua ansia lo porta ad essere sempre di corsa e in movimento, perché deve cercare di contrastare l'aggressività. Se non ci riesce, le persone si renderanno conto di quanto sia incontrollabilmente avido. Si potrebbe anche dire che sta terrorizzando se stesso. I tiranni a volte pensano di perseguire buone intenzioni, ma la verità è che in realtà stanno causando guai.

E proprio quello che ho appena descritto è spesso l'immagine che le persone hanno delle persone al potere o addirittura del potere stesso.

---

*(la capacità, il potenziale o l'abilità di un mezzo o di una rappresentazione di influenzare in modo suggestivo i pensieri, i sentimenti, i desideri o le azioni di una persona)

Ma ci sono anche mentori positivi, come Gandhi o il Dalai Lama. Anche questi due hanno mobilitato le masse. Molte cose che queste personalità mature dimostrano possono essere paragonate al modello di ruolo che ogni persona desidera: un mentore che porta significato e trasmette forza e saggezza. Questi due personaggi corrispondono molto all'archetipo del leader. Chiunque vada per la propria strada può diventare un mentore.

9.1 GLI ARCHETIPI SECONDO JUNG

È considerato il più famoso dissidente della psicoanalisi classica. Inizialmente, studiò Freud, ma a un certo punto iniziò a sviluppare le proprie idee sull'inconscio collettivo. Chi ha già studiato Jung saprà che alcune di queste erano rivoluzionarie. Jung ha anche teorizzato gli archetipi. Secondo lui, ce ne sono molti diversi. Vorrei presentarle dodici di essi in modo più dettagliato.

Ha studiato varie culture, soprattutto i loro miti e simboli. I dodici archetipi che seguono rappresentano modelli comportamentali. Questi costituiscono diverse forme di essere. Esistono anche come immagini o simboli culturali nel subconscio collettivo.

> *"Non si diventa illuminati immaginando figure di luce, ma realizzando l'oscurità. Tuttavia, quest'ultimo metodo è sgradevole e quindi non è molto popolare".* -
> Carl Gustav Jung

Nella sua definizione, diventa chiaro che i dodici archetipi creano immagini che hanno un significato emotivo per noi esseri umani. Sono destinate a esprimere il processo della nostra vita. In altre parole, si può dire che gli archetipi riflettono il nostro inconscio e vengono utilizzati per definire le caratteristiche speciali che tutte le persone possiedono.

Il saggio

È un libero pensatore, il cui intelletto e la cui conoscenza costituiscono la base della sua vita. Con questa base, vuole capire il mondo e la sua esistenza. Per farlo, utilizza le sue capacità analitiche e la sua intelligenza. Indipendentemente dalla situazione in cui si trova, riesce sempre a trovare una citazione o un'argomentazione logica adeguata.

L'innocente

Probabilmente ha letto tutti i libri di auto-aiuto. Ha letteralmente assorbito il contenuto, perché è sempre ottimista e sempre alla ricerca della felicità. Vede il bene in tutti e in tutto. Vuole sentirsi bene nel suo ambiente. Ma vuole anche appartenere e piacere agli altri.

L'esploratore

Non è considerato un viaggiatore audace. È sempre aperto alle novità e va per la sua strada senza avere una meta precisa in mente. Esplorare nuovi luoghi e scoprire se stesso sono le sue grandi passioni. Tuttavia, è anche alla ricerca della perfezione, motivo per cui non è mai soddisfatto.

Il sovrano

È considerato il leader classico. Secondo lui, è colui che dovrebbe sempre prendere l'iniziativa. È molto fermo nelle sue opinioni e azioni. Il suo obiettivo è che tutti seguano il suo esempio. Per lui, ci sono molti motivi per cui tutti dovrebbero ascoltarlo. Essendo molto impaziente, il sovrano può anche diventare molto rapidamente un tiranno.

Il creatore

Ama il nuovo e ha un desiderio molto profondo di libertà. Cambiare le cose per poter creare qualcosa di nuovo è un'altra sua grande passione. È intelligente e autosufficiente. Si caratterizza per il suo costante buon umore e la sua intraprendenza. A volte sarebbe meglio se riflettesse più attentamente prima di agire.

La badante

Quando si confronta con i suoi simili, si sente più forte a livello mentale. Offre protezione materna a coloro che lo circondano. Poiché desidera proteggere le persone a lui vicine, cerca costantemente di prevenire i pericoli e i rischi che potrebbero colpire i suoi simili. In casi estremi, tuttavia, può anche trasformarsi in un martire per mostrare agli altri i sacrifici che ha già fatto.

Il mago

Il suo modo di pensare assomiglia a quello di un grande rivoluzionario. Rinnova il suo ambiente non solo per se stesso, ma anche per gli altri. Non rimane nello stesso posto, ma cambia costantemente. L'aspetto negativo di questa persona è che il suo umore può essere facilmente trasferito agli altri. Se è di cattivo umore, ad esempio, non passerà molto tempo prima che anche le altre persone intorno a lui siano di cattivo umore.

L'eroe

Un eroe vuole il potere e la sua vita è incentrata su questo. La sua resilienza e la sua vitalità sono molto insolite. Combatte per il potere e l'onore con entrambi. Tutto è possibile per lui per non perdere. Inoltre, non si arrende mai, ed è per questo che non perde mai. Purtroppo, a volte è troppo ambizioso e controllante.

Il ribelle

Quest'uomo supererà sempre il limite. Non gli interessano le opinioni degli altri. Preferisce provocare gli altri. Si potrebbe anche dire che nuota controcorrente. Non vuole essere messo sotto pressione o influenzato dagli altri. Purtroppo, può diventare molto autodistruttivo.

L'amante

È cuore e sensibilità allo stesso tempo. L'amore è la cosa più grande per lui e quindi ricopre gli altri di affetto. Per lui, sentirsi amato è la felicità più grande. Gode di tutto ciò che soddisfa i suoi sensi al massimo. Attribuisce grande importanza alla bellezza.

Il giullare

Gli piace ridere di se stesso e non indossa maschere. Il suo grande talento consiste nell'abbattere le facciate degli altri. Non si prende mai sul serio, perché il suo obiettivo è godersi la vita al massimo. Purtroppo, può anche essere molto pigro o avido.

L'orfano

Questo tipo ha molte ferite aperte. Spesso si sente tradito e deluso. Si aspetta che gli altri prendano in mano la sua vita. Si ritira quando si rende conto che nessuno si interessa a lui. Gli piace trascorrere del tempo con persone che la pensano come lui. È molto bravo a recitare il ruolo della vittima e rifiuta qualsiasi colpa. Ha un grande talento nel manipolare gli altri.

Capitolo 10: Personalità integrata

Quando parliamo di una personalità matura, ci riferiamo all'ideale della propria personalità che ogni persona vuole raggiungere. In altre parole, una personalità matura è un atteggiamento adulto integrato. È caratterizzata da una naturale apertura e da un certo fascino. Una personalità di questo tipo si può osservare anche nei bambini, che sono molto disinibiti. Ma la personalità matura possiede anche altre qualità: serietà, coraggio e affidabilità. Se un manager è una personalità matura, può impressionare con il suo carisma positivo e ha anche un senso di responsabilità sociale molto elevato. Se si considerano gli standard della psicologia umanistica, questa personalità matura può anche essere equiparata a una persona matura.

Purtroppo, una personalità di questo tipo è molto rara. Se vuole riconoscerle, deve prestare attenzione a ciò che accade quando qualcuno entra nella stanza.

Esempio: un'insegnante di scuola materna entra nella stanza del gruppo e immediatamente tutti i bambini si radunano intorno a lei e anche i colleghi nella stanza vogliono essere molto vicini a questa insegnante e imparare da lei.

"Un cuore sviluppato è stranamente calmo e sereno".

14° Dalai Lama

Secondo gli insegnamenti del 14° Dalai Lama, un leader integrato è una persona che ha un senso tangibile di calma. Si potrebbe anche dire che è la roccia nell'acqua. Una persona di questo tipo sa sempre quando e cosa le serve. Questa persona non finge, è autentica. L'incredibile carisma di questa personalità illumina letteralmente anche le ultime file di una sala.

Se una persona è davvero maturata, tutte le altre persone seguiranno il suo esempio. Il motivo è che questa persona può essere molto importante per loro. Offre una guida e sa di cosa parla. Tutti vogliono incontrare una persona di questo tipo e imparare da lei. La domanda è come diventare una personalità integrata. Non voglio nasconderle nemmeno questo.

Iniziamo con la parola integrazione. Ognuno di noi ha tratti di personalità spiacevoli o caratteristiche che sono sgradevoli, ma non possono essere soppressi in modo permanente. Se cerca di farlo, si renderà presto conto che i tratti e le caratteristiche della personalità soppresse, così come i desideri, stanno causando un vero e proprio terrorismo dentro di lei.

Se ora ci soffermiamo sul termine integrazione, capirete che è importante accettare anche le caratteristiche negative. Se si accettano allo stesso modo le caratteristiche positive e negative, sarà possibile l'integrazione o la cooperazione. In altre parole, inizia un processo di fusione. In senso letterale, tutti gli aspetti della personalità si siedono a un tavolo per pianificare il futuro insieme. Ogni aspetto ha anche i suoi diritti e ogni parte ha il suo posto. Tutte le persone coinvolte si rendono conto che possono avere successo solo se lavorano insieme. Ognuno è un partner alla pari nella cooperazione e può contribuire con i propri vantaggi e svantaggi. A questo punto, può ricordare che più i tratti della personalità individuale sono orientati alla squadra, maggiore sarà l'effetto.

Quindi, se vuole diventare una personalità integrata, deve essere pronto ad accettarsi così come è. Ci sono molti filosofi che credono che in ogni essere umano viva un angelo della pace, ma anche un assassino.

L'ombra e la luce esistono sempre entrambe. Quindi, se cerca di reprimere i propri lati oscuri, anche le qualità positive si riducono sempre di più. Se accetta i suoi lati oscuri, anche i lati positivi della luce si nutriranno di essi. Questo è l'unico modo per realizzare il suo pieno potenziale. Avrà anche più energia a disposizione, perché non dovrà più investirla nella resistenza.

Capitolo 11: Sviluppo personale

Conosce la sensazione di avere una buona idea di come procedere, ma di avere le mani letteralmente legate? Si trova letteralmente in uno stato di impotenza, perché esperienze spiacevoli, pregiudizi o persino frasi sgradevoli ci bloccano nelle nostre azioni.

Se ora parliamo di sviluppo personale, significa che tutti questi legami negativi devono essere risolti.

Immagini se tutte le esperienze negative fossero una corda. E tutte queste corde si sarebbero annodate insieme per formare un enorme botto. Se non viene sciolto, non si può andare avanti. Le corde devono quindi essere separate l'una dall'altra, perché solo così si può andare avanti.

È lo stesso con le nostre esperienze negative: Quando le rilascia, ha di nuovo le mani libere. C'è quindi la possibilità che la nostra vita lavorativa quotidiana e la vita quotidiana in generale prendano una piega positiva. Ora ha la capacità di decifrare i problemi e di leggere le persone. Prima, nessuna delle due cose era alla sua portata. Ora ha una ventata di aria fresca e di motivazione. Sarà anche in grado di stabilire un buon contatto con i suoi colleghi, ma anche di mantenere la distanza necessaria. In questo modo, si assicurerà di non essere vulnerabile nella sua vita privata. E se prima c'erano molte cose che la turbavano nel profondo, ora potrà affrontarle con calma. I problemi vengono affrontati con sicurezza e non vengono più portati a casa per rifletterci a lungo la sera.

Si ricordi anche che è meglio occuparsi dei propri affari e non delle preoccupazioni private dei suoi dipendenti. Naturalmente è possibile che lei si occupi delle preoccupazioni dei suoi dipendenti e si impegni, ma questo richiede tempo e assorbe molte energie. Tempo ed energia che potrebbe utilizzare molto meglio per se stesso. Scopra quale ruolo svolge nei problemi dei dipendenti. Se riesce a farlo, si renderà conto di quanto sia facile gestire i dipendenti.

Quando parliamo dei sette pilastri del potere, ci riferiamo a un concetto olistico che contribuisce allo sviluppo personale. Nel prossimo capitolo, daremo un'occhiata più da vicino a questi sette pilastri.

Capitolo 12: I sette pilastri del potere

I sette pilastri sono le fondamenta di ogni personalità: Se questi sette pilastri non sono in equilibrio, si può immaginare che la psiche della persona sia molto scossa. Può essere utile immaginare una casa costruita su sette pilastri. Se anche uno solo di questi pilastri è più basso, l'edificio inizierà a vacillare.

È lo stesso per i sette pilastri della personalità; se uno è più corto o meno pronunciato, l'intera psiche diventa squilibrata. Ci sono molti manager che cercano di sistemare tutto controllando e combattendo. Tuttavia, quanto maggiore è lo squilibrio, tanto più devono combattere e controllare.

Il controllo che viene esibito ha lo scopo di evitare l'inferiorità. Allo stesso tempo, però, il controllo è anche un segno di impotenza. Se un manager reagisce in questo modo, anche l'ambiente reagirà in modo impotente e controllante.

Ora immaginiamo che la terra inizi a tremare. Almeno una delle case che stanno già tremando si romperà. Se si collega questo a un'azienda, ci si rende conto che può rapidamente fallire.

Quando parliamo di potere reale, intendiamo utilizzare il potenziale intrinseco che ogni persona porta dentro di sé. Per raggiungere questo obiettivo, è necessario sviluppare tutti e sette i pilastri, poiché questo è l'unico modo per creare un cambiamento produttivo. Se questo ha successo, le persone possono crescere personalmente, ma anche contribuire alla crescita dell'azienda.

I 7 pilastri del potere si chiamano:

• **Fermezza**: significa che una persona è incrollabile nelle situazioni difficili.

• **Passione**: si riferisce all'entusiasmo con cui le persone svolgono il loro lavoro.

• **Autocontrollo**: si riferisce alla capacità di essere autodisciplinati e di regolare tutte le emozioni.

• **Amore**: questo è il motore che può cambiare le cose.

• **Comunicazione**: qui parliamo di espressività personale.

• **La conoscenza**: Descrive la cura per l'ignoranza.

• **Etica**: le persone ricevono uno standard per le proprie azioni e per proteggersi dalla manipolazione.

I sette pilastri si basano su sette chakra. Gli insegnamenti sui chakra provengono dallo yoga. Questa filosofia ha più di 5000 anni ed è quindi considerata il sistema più antico in termini di sviluppo umano. La conoscenza dei chakra è radicata in molte culture. I Veda indiani, che sono considerati le scritture religiose più antiche, descrivevano i chakra 3000 anni fa. Un tempo c'era scetticismo sulla loro esistenza ed efficacia, ma dagli anni '70 sono disponibili prove scientifiche. I sette chakra coprono tutte le aree psicologicamente essenziali per lo sviluppo umano. Si tratta di un sistema molto sofisticato in termini di struttura e natura della personalità. Molte persone hanno già appreso gli insegnamenti dei chakra, ad esempio attraverso lo yoga o il Reiki. Alcuni hanno sperimentato la sua efficacia attraverso l'agopuntura. Quando si tratta dello sviluppo della personalità di un manager, questo insegnamento è purtroppo meno conosciuto. I sette pilastri del potere hanno lo scopo di trasferire l'antica conoscenza dei chakra nella nostra epoca moderna. Gli antichi insegnamenti sono tradotti in concetti analitici transazionali che possono essere utilizzati dai manager.

12.1 LA SEQUENZA DEI PILASTRI

Diamo un'occhiata più da vicino alla sequenza dei sette pilastri del potere. Forse anche lei si è chiesto come dovrebbe affrontare l'intera questione. Da quale pilastro iniziare? Può iniziare dal pilastro che le interessa di più? La risposta è: iniziare con la fermezza e costruire sugli altri pilastri in sequenza.

È importante che i sette pilastri siano sviluppati in ordine. Ogni singolo pilastro ha un potenziale di potere. Si sostengono e sono reciprocamente dipendenti. In altre parole, i pilastri si basano l'uno sull'altro.

Quindi, prima che la passione possa iniziare, la fermezza deve essere ben sviluppata. Di conseguenza, il primo pilastro del potere è anche la fermezza. È qui che ogni persona sviluppa la capacità di rimanere saldamente a terra. Questo avviene su tre livelli: mentale, emotivo e fisico.

La parola stabilità contiene due parole. In primo luogo, la parola "stare", che deriva da "stare in piedi" e la parola "fermezza". Quindi, se vuole sviluppare la fermezza, il suo obiettivo è stare in piedi con i propri piedi in modo stabile e sicuro. Le persone la cui stabilità è ben sviluppata sanno esattamente dove si trovano. Chi è sicuro della propria posizione non può essere facilmente spinto fuori da essa. Il corpo e la mente saranno entrambi saldamente ancorati se si conosce il proprio posto nel mondo.

Il pilastro successivo comporta molto movimento. Qui si sviluppa la capacità di gestire in modo flessibile i propri punti di vista. Si tratta di non perdere la propria posizione o di contraddirsi. Stiamo parlando del pilastro della passione.

Questo può essere vantaggioso solo se la persona ha sviluppato anche la stabilità. Chi non è ancora stabile non sarà in grado di espandere le proprie possibilità con passione. Causerà solo disordini. Una persona che vuole essere appassionata ma non è stabile si muoverà senza sapere da dove viene e dove vuole andare. Di conseguenza, prima o poi perderà la strada e potrà facilmente diventare la pedina di altri quando questi eserciteranno il loro potere di controllo.

Ma se lei è stabile, niente può scuoterla così facilmente. Quindi, se ha sviluppato una fermezza stabile, niente può essere più rivitalizzante del potere della passione. La passione può costruire qualcosa, ma può anche distruggere qualcosa. La passione può unire gli opposti, ma allo stesso tempo può anche portare un cambiamento o un confronto. Questo pilastro controlla la capacità umana di toccare il mondo e di essere toccati dal mondo. Quindi tutti hanno bisogno di passione per rivitalizzare se stessi e il proprio ambiente.

E questo è il punto:
- Entrare in contatto con se stessi
- Sentire se stessi
- Agisca secondo i suoi desideri, il suo entusiasmo e la sua energia.
- Entrare in contatto con il mondo
- Lasciarsi toccare dal mondo che la circonda
- Sentire la crescita e il declino
- Entrando in contatto con altre persone
- Essere toccato dai loro pensieri e sentimenti

• Percepire la diversità degli altri e riconoscere i propri limiti.

Quindi, se il pilastro della passione è ben sviluppato, sarà importante coordinarlo con il pilastro dell'autocontrollo. Purtroppo, il controllo viene abusato di continuo. Eppure è una forma importante di potere.

Chi ha autocontrollo fisico e mentale ha potere su se stesso. Questo è importante quando si tratta di autodisciplina.

Questa autodisciplina ha lo scopo di regolare forze come la passione, la ragione, la comunicazione e tutte le emozioni. Se, ad esempio, tutti gli eventi intorno a lei minacciano di intensificarsi e la sua stessa esistenza è minacciata, l'autocontrollo è estremamente importante per mantenere il sangue freddo.

Il pilastro dell'autocontrollo sviluppa anche la capacità di controllo sociale. Ma anche qui, purtroppo, devo dire che ci sono molte persone che lavorano nella direzione sbagliata. Pensano di dover controllare il mondo esterno. Questo significa che il proprio ambiente è controllato. Queste persone lo chiamano controllo sociale. Il fatto è che il controllo deve essere diretto verso l'interno. Se si vuole definire il controllo sociale, si può fare come segue: Chiunque sia in grado di controllarsi all'interno di un ambiente sociale ha la capacità di controllo sociale.

Chiunque abbia la capacità di controllarsi soddisfa il prerequisito delle abilità sociali. Le persone sviluppano quindi le loro abilità sociali nel pilastro dell'autocontrollo. È qui che la capacità di sviluppo potenzialmente illimitata e i propri limiti diventano evidenti.

Coloro che riescono a superare le loro paure e le loro pretese di potere sono anche in grado di soddisfare il desiderio di sviluppo libero delle altre persone. L'autocontrollo è quindi importante per poter percorrere il cammino verso il pilastro dell'amore.

All'inizio, una persona è semplicemente lì (stabilità). Poi inizia a muoversi (passione). Poi impara a controllarsi (autocontrollo). Questi sono i primi tre pilastri che preparano la psiche di una persona a entrare in contatto con l'ambiente. Solo quando si riesce a controllare se stessi, ci si rivolge all'ambiente.

Il quarto pilastro è il pilastro dell'amore. Questa interfaccia, che è diretta verso l'esterno, diventa visibile qui. Le qualità che sono emerse attraverso i primi tre pilastri sono ora vissute attraverso la capacità di stabilire un contatto.

In questo pilastro, un manager deve sviluppare

un particolare apprezzamento e buona volontà per i suoi dipendenti. I manager che non sono in grado di raccogliere un potente "sì" per i loro dipendenti non hanno la capacità di guidare con forza. Tutti vogliono essere trattati con rispetto. Tutti sanno quanto sia piacevole questa sensazione. L'amore quindi non è solo benevolo, ma anche potente.

Il potenziale di potere dell'amore comprende le seguenti tre aree:

1) Individualità:

Qui stiamo parlando dell'amore per se stessi. Tutte le asperità, i punti di forza e le debolezze devono essere accettati, abbracciati e amati.

2) Fedeltà:

Si riferisce all'amore per gli altri. Dovrebbe comportarsi con lealtà ed essere consapevole del suo ruolo nella vita degli altri.

3) Veridicità:

Qui stiamo parlando dell'amore per la verità, perché se non si è sinceri, non si può permettere all'amore per se stessi o per gli altri di fiorire.

Può ricordare quanto segue:
Solo una persona che accetta se stessa può trattare gli altri in modo rilassato e benevolo.

Quando i primi quattro pilastri sono ben sviluppati, le persone sono pronte a imparare dagli altri. Lei vuole condividere con gli altri le cose che la emozionano (passione). Gli altri dovrebbero anche imparare ciò per cui lei si batte (fermezza). Le persone intorno a lei dovrebbero sapere cosa la trattiene (autocontrollo) e, naturalmente, cosa la motiva (amore).

Segue il quarto pilastro. Questo è anche conosciuto come il pilastro della comunicazione. Una volta raggiunto questo obiettivo, lo si riconosce dal fatto che si vuole presentare il proprio atteggiamento interiore a un'altra persona. Scambiate idee e diventate interattivi. È così che si sviluppa ulteriormente.

Purtroppo, il tema della comunicazione è trattato in modo molto esteso. Tuttavia, si può notare più volte che molti manager non hanno una chiara consapevolezza delle giuste tecniche di comunicazione. Per molti è difficile rendersi conto che può succedere qualcosa quando si lavora con i colleghi. Probabilmente conoscono il modello delle quattro orecchie o pensano al mittente e al destinatario, ma non è questo il punto. Piuttosto, l'attenzione si concentra sulla comunicazione del proprio atteggiamento interiore e sul riconoscimento di quello della controparte. In altre parole, questo può essere spiegato come segue: Deve imparare a leggere tra le righe.

Le cose che nessuno dice possono essere molto importanti per una buona relazione.

Il pilastro della comunicazione fa sì che lei sia sensibilizzato e che i suoi sensi si aprano, in modo da poter conoscere meglio le persone che la circondano e sperimentare il mondo che la circonda. È compito di ognuno rafforzare la propria intuizione, in modo da percepire chi è l'altra persona. È anche importante permettere all'altra persona di vedere dietro la propria facciata. In breve: questa è la comunicazione.

Chi sa molto è potente. Le persone che hanno interiorizzato le informazioni giuste e importanti possono dare inizio a nuovi eventi o impedire che accadano cose peggiori. La conoscenza di una persona la guida lungo il percorso della vita.

Una regola empirica dice che circa l'85% di tutti i comportamenti sbagliati è dovuto a una mancanza di conoscenza. Viviamo in un'epoca di informazioni. Purtroppo, ciò significa anche che queste informazioni vengono utilizzate in particolare per controllare gli altri. Inoltre, le informazioni false portano a manipolare intere masse di persone.

Ma deve sapere che la conoscenza non è solo informazione. Infatti, ha molte facce. Nella nostra società, la ricerca scientifica è considerata la fonte della conoscenza. E se si pensa alla saggezza o si chiede agli altri cosa sia, molti risponderanno che è un'abilità delle persone anziane. Le donne sono intuitive. Poi ci sono persone che hanno visioni. Sono molto povere, perché spesso vengono etichettate come pazze nella nostra società. Tutti questi atteggiamenti sono molto peggiorativi e dimostrano una grande ignoranza.

Se un manager non è in grado di attingere a tutte e quattro le forme di conoscenza, rischia di essere afflitto dall'ignoranza. Eppure tutte e quattro le forme sono molto importanti per la gestione quotidiana.

Chi combina il pilastro della conoscenza e il pilastro dell'amore utilizza consapevolmente alcune informazioni per dare più potere all'altra persona. Ma diamo un'occhiata più da vicino alle **quattro forme di conoscenza:**

1) La scienza:
Le informazioni vengono raccolte con un metodo specifico e poi classificate in aree tematiche specifiche. Vengono anche scattate foto delle singole aree, che vengono conservate con cura in una cartella per riferimenti futuri.

2) Intuizione:
Si conosce questa parola anche come sensazione viscerale. Si potrebbe anche dire che è la guida che ci

mette sulla strada della verità. Capiamo il corso degli eventi e facciamo ipotesi che sono infallibili.

3) Saggezza:

Chi impara dall'esperienza diventa saggio. Non importa se si tratta della sua esperienza personale o di quella di qualcun altro. Gli eventi passati le permettono di fare previsioni.

4) Conoscenza visionaria:

A coloro che hanno delle visioni viene mostrato il loro percorso di vita personale. Se i cinque pilastri precedenti sono ben sviluppati, è possibile concentrarsi completamente sull'attivazione del proprio potenziale di potere.

Se le quattro forme di conoscenza descritte si affiancano e sono sullo stesso piano, è possibile che la mente conscia e quella subconscia lavorino insieme. Questo crea un'interazione estremamente fruttuosa. Ciò che una persona percepisce a livello subconscio può essere realizzato e anche in modo efficace. Queste azioni non sono poi ostacolate da un aspetto della personalità che la persona aveva precedentemente cercato di sopprimere. In termini semplici, questo può essere riassunto come segue: Lei sa di fare la cosa giusta al momento giusto. Come viene utilizzata questa conoscenza è una domanda a cui risponde l'ultimo pilastro: il pilastro dell'etica. La parola etica significa morale. In altre parole, ogni persona dovrebbe comportarsi in modo decente ogni giorno. A questo punto, possiamo nuovamente discutere su quale sia il comportamento appropriato e decoroso. Una risposta può essere trovata nel modo in cui vediamo la nostra responsabilità nei confronti degli altri. L'etica fornisce a ogni persona uno standard per il suo comportamento quotidiano. Inoltre, fornisce il sostegno necessario quando si attraversano momenti di incertezza. Grazie all'etica, sperimentiamo un diverso livello di stabilizzazione. Per noi esseri umani è quindi possibile dare libero sfogo alle cose che accadono, senza arrabbiarsi per esse.

Attraverso il pilastro dell'etica, una persona impara la calma interiore quando ci troviamo nel mezzo di eventi sconvolgenti. Questo ci permette di mantenere la calma e di vedere con chiarezza. Allo stesso tempo, gli altri non possono manipolarci. Coloro che mantengono questo potere qualitativo sono particolarmente immuni da intrighi, manipolazioni e dai cosiddetti ordini gerarchici. In parole povere, si potrebbe dire che l'etica è lo scudo protettivo di ogni persona.

Come ha già capito, questa colonna è l'ultima ad essere sviluppata. Probabilmente sta desiderando di essere il primo a costruire questo pilastro, ma il fatto è che deve prima raggiungere un certo grado di stabilità per evitare di oscillare come un fiore nel vento. Se manca la passione, manca anche la forza necessaria. Inoltre, noi esseri umani non possiamo comportarci esclusivamente secondo le regole morali (autocontrollo) e senza conoscere le esigenze degli altri, non è nemmeno possibile (amore). È anche necessario conoscere molte cose per poter formulare la nostra etica e poi applicarla in modo appropriato.

12.2 I DUE POLI DELL'IMPOTENZA

Con tutto quello che ha già appreso sui pilastri del potere, a questo punto si starà chiedendo come può capire se sono effettivamente ben sviluppati nel suo caso.

Fondamentalmente, possiamo dividere **il fenomeno dell'impotenza** in **due poli:**
1) l'ovvia debolezza
e
2) le debolezze sono mascherate da punti di forza, assumono la forma di potere di controllo.

Entrambi i poli sono i cosiddetti **estremi**. Questi non mostrano lo sviluppo di una persona, ma piuttosto i suoi limiti.

Stabilità:

Le persone che non hanno fermezza sono ansiose, si sottomettono più rapidamente degli altri e si spaventano facilmente. Il detto dice che queste persone sono come una bandiera al vento che gira in tutte le direzioni, ma non ha una direzione propria. Queste persone hanno una forte presa sul palo del potere di controllo. Sembrano stupide e immobili.

Passione:

Le persone che dimostrano poca passione vengono percepite dagli altri come mezze persone, persino noiose. Queste persone sono anche percepite come codarde. Spesso vengono soprannominate "topo grigio". Tuttavia, se la passione è dominante, la persona letteralmente ribolle e difficilmente può essere domata, il che a sua volta ha un effetto aggressivo e irrequieto su coloro che la circondano.

Autocontrollo:

Se non ha abbastanza autocontrollo, diventa vittima di se stesso. Le persone che mancano di autocontrollo tendono a diventare rapidamente dipendenti o depresse. Spesso si sente anche dire che soffrono di problemi di sonno e di mancanza di motivazione. Altre persone che sono piene di autocontrollo vogliono sempre avere il sopravvento e tenere traccia di tutto. Per gli altri, si tratta di una tipica persona di potere.

Amore:

Si può riconoscere una persona il cui pilastro dell'amore non è ben sviluppato dalla sua mancanza di calore e compassione. Spesso appaiono fredde e non sono in grado di prendersi cura di se stesse. Tuttavia, quando l'amore si trasforma in potere di controllo, le persone diventano salvatori abituali. Si sacrificano per gli altri, ma trascurano se stessi.

Comunicazione:

Chi manca di comunicazione non è in grado di imparare o di godere della compagnia degli altri. Si potrebbe anche dire che queste persone non riescono a districarsi tra i denti. Tuttavia, quando la comunicazione è perversa, la persona viene percepita come un parlatore sconsiderato. Non sono in grado di ascoltare e non si preoccupano di come si presentano agli altri.

Conoscenza:

Una persona che non ha il potere dell'informazione rimarrà nella propria ignoranza. Tuttavia, le persone che esagerano sono credenti nella scienza. Si fidano solo della tecnologia. Il loro comportamento è piuttosto senza testa e senza cuore.

Le persone prive di etica si vedono sempre al centro degli eventi. Sono fermamente convinte delle loro convinzioni. Quando si tratta di trattare con l'ambiente o con le altre persone, vengono percepite come egoiste e insensibili. Le persone che sembrano letteralmente decollare hanno un potere etico molto pronunciato. Questo è già un controllo. Non sono più interessate alle cose che accadono nella vita quotidiana.

12.3 IL COMPITO DEI DUE GENERI

Che si tratti di un uomo o di una donna, è importante per entrambi sviluppare bene i sette pilastri del potere. Chiunque pensi che ci siano solo sei pilastri per gli uomini, ma otto pilastri per le donne, si sbaglia. Il fatto è che i potenziali di potere hanno caratteristiche diverse. Per questo motivo, alcuni pilastri sono dominati dalle donne e altri dagli uomini. I rispettivi pilastri non sono automaticamente dominati in termini di genere. Una donna non è automaticamente perfetta in un determinato pilastro a causa del suo sesso. Questo vale anche per gli uomini.

I pilastri dominati dagli uomini contengono un potenziale di potere che è stato creato come possibilità, in modo che possa essere ulteriormente sviluppato attivamente. Tuttavia, i pilastri dominati dalle donne contengono un potenziale di potere innato. È importante che questi vengano liberati dai blocchi, perché solo così possono dispiegarsi di nuovo liberamente.

I potenziali di potere femminili e maschili sono qualità insostituibili. Le qualità di potere dominate dalle donne sono riscattate dai potenziali di potere dominati dagli uomini che si stanno costruendo attivamente. Affinché possano crescere oltre se stesse, le qualità di potere maschili sono motivate dai potenziali di potere femminili liberati.

È quindi vero che i potenziali di potere femminile e maschile sono reciprocamente dipendenti. Possono svilupparsi ulteriormente solo come unità. Questo è il significato di una relazione. La libertà raggiunta è particolarmente evidente nel settimo potenziale di potere. Le qualità delle diverse unità sono cresciute insieme qui e integrano reciprocamente i loro potenziali. Questa integrazione ha senso per ogni livello della gerarchia. Ciò significa che, per ottenere una leadership più olistica possibile, idealmente dovrebbero essere rappresentati entrambi i sessi. Non si tratta di quote di genere, ma di integrare e completare le competenze.

12.4 STABILITÀ

Si è mai chiesto se sta rimanendo saldo nella vita? Se osserviamo più da vicino il pilastro della fermezza, la domanda sorgerà sicuramente. Innanzitutto, vorrei ricordarle che questo pilastro è il fondamento della psiche umana. Dà alle persone stabilità e sicurezza. In altre parole, si potrebbe anche dire che questo pilastro si occupa del diritto di esistere, perché ogni essere umano ha il diritto di essere in questo mondo. Questo potenziale di potere presenta due poli: 1) l'energia e 2) l'inerzia.

Si può certamente immaginare che una persona salda abbia un'enorme energia e affronti sempre i suoi compiti con vigore. Se ha troppa energia, che si esprime con un'aggressività improduttiva, può essere un segno di mancanza di fermezza, così come un'energia troppo scarsa, che si esprime con una mancanza di vigore.

Come ho già detto nei capitoli precedenti, stabilità significa stare con entrambi i piedi per terra. Questa stabilità offre alle persone il sostegno emotivo, fisico e mentale di cui hanno bisogno. Queste persone sanno qual è la loro posizione nella vita e non ondeggiano come un fiore al vento. Nessuno riuscirà semplicemente a spostare una persona salda dalla sua posizione. Se una persona è veramente salda, è anche calma. La compostezza è anche una fonte di forza da cui una persona può attingere all'infinito.

Come già detto, la stabilità è il primo e allo stesso tempo il più importante potenziale di potere. Questo primo pilastro determina la stabilità degli altri pilastri, che sono reciprocamente dipendenti e si sostengono a vicenda. Se la stabilità di una persona non è stabile, il potenziale di potere degli altri pilastri non può essere realizzato. Chiunque voglia sviluppare la propria personalità, quindi, inizia da questo pilastro.

Le persone la cui stabilità è ben sviluppata hanno le seguenti caratteristiche:

- Vitalità
- Resistenza
- Gioia di vivere
- Assertività
- Connessione con la terra
- Resistenza
- Vicinanza alla natura
- Un senso di radicamento (questo vale per la cultura, il luogo, la famiglia e l'azienda)
- Un senso del ritmo per le fasi attive e passive della vita lavorativa
- Fiducia

• Sicurezza.

Se un leader ha una fermezza ben sviluppata, può stare con entrambi i piedi per terra e sviluppare la sua personalità in modo tale da garantirsi la massima sicurezza possibile nel mondo. I frutti sicuri di un'energica fermezza sono, ad esempio, una casa sicura, una scelta felice della professione e un rapporto familiare stabile. Una persona acquisisce sicurezza e forza interiore quando il pilastro della fermezza è ben sviluppato. Tuttavia, ci possono essere anche dei problemi con la fermezza. Uno dei problemi maggiori è probabilmente la paura. Se ci sono blocchi o sviluppi indesiderati nel pilastro della fermezza, questo si esprime spesso attraverso l'ansia, la mancanza di forza o persino l'aggressività e l'egoismo.

"La paura mangia l'anima". Questo breve proverbio asiatico colpisce nel segno. Se una persona sente una mancanza di forza mentale causata dalla paura, avrà difficoltà a superare le difficoltà che dovrà affrontare. Proverà anche molta insicurezza e mancherà di fiducia in se stessa. Nel peggiore dei casi, questo può persino portare alla depressione.

A causa della mancanza di fiducia in se stessa, una persona la cui stabilità non è ben sviluppata può orientarsi verso una persona presumibilmente forte.

Purtroppo, però, spesso accade che questi partner non vengano scelti bene e che poi abusino della fiducia già carente. In questo caso, le persone non vengono rafforzate ma indebolite. Anche l'avidità, l'affermazione aggressiva, l'eccessivo materialismo e l'egoismo sono indizi che indicano la presenza di blocchi nel pilastro della fermezza.

Diamo ora uno sguardo al concetto teorico. Il fatto che un manager sia effettivamente convincente nel suo comportamento dipende dalla sua stabilità. Purtroppo, la maggior parte delle persone non ha sviluppato bene questa stabilità.

A questo punto, forse si starà chiedendo come può ottenere la fermezza. Tutti vorrebbero svegliarsi al mattino e seguire la propria risoluzione di camminare con costanza nella vita d'ora in poi, ma non funziona così. Un escursionista, ad esempio, non camminerà in una zona straniera senza avere con sé una mappa; dopo tutto, non conosce ancora i pericoli e le aree non sicure.

Il mezzo più importante per sviluppare la propria stabilità è la fiducia. Deve avere fiducia in se stesso, ma anche negli altri. Si chieda se ha fiducia in se stesso e nelle sue competenze. Forse anche lei ha dei dubbi su se stesso. E per quanto riguarda le altre persone? Si fida di loro o no? Le persone non hanno appena iniziato a porsi queste domande. Anche da piccoli, si vuole trovare la propria strada nel grande mondo. Ci chiediamo chi siamo e cosa dobbiamo pensare delle altre persone. Ciò significa che ogni persona adotta il proprio atteggiamento nei confronti della vita da bambino. Nel corso degli anni, questo atteggiamento continuerà a crescere. Esperienze, osservazioni, conseguenze e giudizi hanno influenzato le nostre convinzioni interiori. Ed è proprio questo che guida il nostro comportamento oggi.

Questo esprime la nostra personalità. Nella vita, soprattutto se è un manager, deve rendere giustizia a molte personalità. Ognuna di queste personalità è individuale, il che può creare rapidamente confusione. Per mantenere un filo conduttore in una grande folla, le persone cercano il minimo denominatore possibile. Torniamo ancora una volta alla fiducia. O ce l'ha o non ce l'ha. Si guarda a se stessi e agli altri. **La massa confusa di convinzioni viene ordinata in quattro varianti di fiducia,** che sono chiaramente organizzate:

- Le persone si fidano di se stesse.
- Le persone non si fidano di se stesse.
- Le persone si fidano degli altri.
- Le persone non si fidano degli altri.

E questo è proprio il concetto delle posizioni di base dell'analisi transazionale. Secondo questo concetto, le persone si relazionano al criterio chiave della fiducia su due assi. L'asse orizzontale rappresenta la fiducia che hanno in se stessi e nelle loro competenze. Su questo asse, le persone si muovono tra la fiducia in se stesse e il dubbio. C'è la possibilità di ritrovarsi o di alienarsi da se stessi. Le persone si troveranno da qualche parte tra i due poli.

Il secondo asse, che corre in verticale, rappresenta la fiducia nell'ambiente, nelle altre persone e nella vita in generale. Anche in questo caso, le persone si muovono tra i poli della fiducia e della sfiducia. Si potrebbe anche dire che si muovono tra affetto e avversione. Questi due assi della fiducia formano insieme un sistema di coordinate. Questo **dà alle persone quattro campi con quattro modi di stare nel mondo e di incontrare gli altri.**

- Io sto bene e tu stai bene.
- Io sto bene e tu non stai bene.
- Io non sto bene e tu stai bene.
- Io non sto bene e tu non stai bene.

Questi sono gli atteggiamenti fondamentali che ogni persona ha verso se stessa, gli altri e la vita. Questi rappresentano un atteggiamento fondamentale. Va molto più in profondità della formazione di un'opinione sul proprio comportamento e su quello degli altri. Queste decisioni sono molto più importanti del valore che lei si attribuisce a livello personale. È importante che lei capisca che questo valore è quello che lei si attribuisce come persona e non quello che lei incarna. Il fatto triste è che molte persone attribuiscono a se stesse un valore inferiore a quello a cui hanno diritto.

Altri, invece, tendono a esagerare eccessivamente e a pensare di essere qualcosa di meglio. La sua posizione di base personale è il suo filtro di percezione. Questo filtro agisce come un paio di occhiali, in quanto le permette di vedere il mondo più o meno chiaramente. La sfumatura che si crea dipende dall'atteggiamento di base. Le quattro posizioni di base sono familiari a tutti. Forse non a livello teorico, ma per esperienza. Le aree in cui ci muoviamo dipendono dalla situazione e dal nostro stato d'animo del giorno. Se una persona si trova di fronte a una situazione critica, tende ad adottare un determinato atteggiamento. Questa è la cosiddetta posizione preferita. Non deve essere sempre quella che la persona trova più comoda, ma può anche essere quella che conosce meglio. Si può immaginare come se ci si trasferisse in un appartamento. Ci si mette a proprio agio e si è riluttanti a lasciare questo appartamento accogliente spostandosi. Le persone vedono e vivono il mondo come la loro posizione di base. Il loro comportamento è giustificato da questo atteggiamento. Ci sono persino persone che organizzano la loro intera vita in funzione della loro posizione di base.

Un'altalena senza energia

La direttrice si è appena comportata in modo sprezzante nei confronti della sua dipendente. Ha ovviamente adottato l'atteggiamento 'Io sono a posto e tu no'. Si è sentita superiore. Ma non appena entra nell'ufficio del suo manager, questo atteggiamento cambia. In pochi secondi, il manager che era appena stato potente diventa una persona molto più piccola. In questo momento, adotta la posizione di base di 'Io non sto bene e tu stai bene'. Ora si comporterà in modo appropriato, parlerà a bassa voce e la sua postura mostrerà qualcosa di sottomesso.

Se poi esce dall'ufficio del suo manager e incontra uno stagista nel corridoio, ad esempio, questa posizione di base cambierà di nuovo. In questo caso, la posizione di leadership è inclinata due volte, il che significa che non è stabile. Questo è noto anche come un'altalena non alimentata. Entrambe le posizioni lavorano insieme come un'altalena. Una delle due è sempre in alto o in basso. Una persona che ha abbastanza forza nelle gambe oscillerà nella posizione superiore. Questo avviene a scapito degli altri, che oscillano automaticamente nella posizione di base inferiore.

Può essere un bel passatempo in un parco giochi per bambini, ma nella gestione quotidiana questo consuma molta energia. Le persone credono di poter avere successo e potere se solo la colpiscono abbastanza velocemente. Tuttavia, si tratta di un'illusione perché, come sa, un'altalena è sempre in movimento e consuma molta energia e nervi. In questo caso, l'uomo è tutt'altro che stabile. In una lotta competitiva, che è del tutto insensata, le persone si consumano l'una contro l'altra.

È importante porre le domande giuste

La stabilità deriva dall'interazione tra la fiducia realistica in se stessi e negli altri. Di conseguenza, è importante che le persone continuino a sviluppare la loro posizione di base di 'io sto bene e tu stai bene'.

Si chieda in quali aree si fida di sé e in quali aree non è ancora possibile in questa fase. È importante che si interroghi in modo differenziato e non generalizzato, come avviene nelle tre posizioni di base negative. Questo vale anche per la fiducia nelle altre persone.

Per ottenere risultati adeguati, le domande da porre sono importanti. I manager amano porsi la domanda "se", ma questo comporta più difficoltà che soluzioni. Una domanda "se" è come un invito alla sfiducia. Il motivo è una pretesa irrealistica. Una domanda "se" consente solo il bianco o il nero. L'intera questione può essere paragonata al gioco dei cento centesimi. Se ha cento centesimi, ha un euro, se ha solo 0,99 euro, non ce l'ha.

Se si trasferisce questo concetto alla motivazione dei dipendenti, sorge la seguente domanda: "Questa persona è sufficientemente motivata a lavorare?". La risposta a questa domanda può essere affermativa solo se questo dipendente può essere motivato al cento per cento.

Se questo dipendente accetta solo il 95% di motivazione, non può essere motivato secondo la domanda "se". Quindi si capisce che questa domanda è sbagliata. Una domanda "se" non può mai essere appropriata. Non lascia spazio di manovra, il che porta rapidamente alla frustrazione. Questa frustrazione può essere impotente o aggressiva. Quindi la domanda sulla fiducia non è se ci si può fidare o meno. Per rendere giustizia alla realtà, questa domanda deve essere formulata in modo diverso. E la riformulazione fornisce già la soluzione: "In che modo posso fidarmi di questa persona?". Questa domanda lascia abbastanza spazio di manovra per le risposte.

Di conseguenza, i manager non dovrebbero chiedersi se un dipendente può essere motivato o meno. La domanda giusta dovrebbe essere piuttosto: "In quali aree il dipendente è già competente e dove è necessaria la motivazione?".

Solo chi impara a formulare le domande come descritto sopra sarà in grado di esprimere giudizi realistici e quindi di acquisire fiducia nella propria capacità di giudizio. Anche coloro che sono in grado di avere una visione realistica di se stessi e dei propri dipendenti o compagni arriveranno a una conclusione affidabile. Questo risultato oggettivo chiarisce quale comportamento di leadership è necessario.

Può ricordare la seguente frase: "Una fermezza ben sviluppata è sempre un atteggiamento di base +/+. (Io sto bene e tu stai bene). Questo atteggiamento di base significa che entrambe le parti sono uguali e si rispettano a vicenda".

Riassumiamo ora i punti più importanti:

• La fiducia è il criterio chiave.

• Questo atteggiamento di base è indispensabile per i manager.

- Un atteggiamento sano e positivo deve essere appreso più volte.
- Le persone fanno progressi spostando la loro posizione. Quindi deve trattare in modo costruttivo con i suoi simili.
- Il comportamento di una persona è indipendente e direttamente collegato alla realtà se ha un alto livello di fiducia in se stessa e negli altri.
- Le sue esigenze e quelle degli altri vengono riconosciute e prese in considerazione nelle sue azioni.
- Vengono prese decisioni indipendenti e le relative conseguenze vengono valutate e sopportate in modo realistico.
- Le persone possono permettersi di commettere errori senza perdere immediatamente la fiducia in se stesse.
- Questo atteggiamento positivo favorisce la comunicazione e il lavoro efficace.
- L'obiettivo è lavorare insieme in modo produttivo.
- I veri vincitori sono i manager con un atteggiamento di base +/+.

12,5 PASSIONE

Quando parliamo del pilastro della passione, potremmo anche parlare di un elisir di lunga vita, perché questo pilastro dà alle persone energia e forza. Se osserviamo questo pilastro a livello psicologico, diventa subito chiaro che si tratta della capacità di godere della vita, degli altri e anche del lavoro. Nel pilastro della passione, ci sono anche due forze polari che possono diventare attive come potenziale di potere. Si tratta della creazione e della distruzione.

Una persona molto appassionata ha resistenza, forza e abilità quando si tratta di realizzare le cose. In altre parole, questa persona è creativamente attiva. Se ci sono disturbi in questo potenziale di forza, questa passione può trasformarsi in distruzione.

La distruzione, a sua volta, può andare in due direzioni. Se si tratta di un blocco, è diretta contro la persona stessa. In questo caso, l'energia creativa non viene utilizzata. Di conseguenza, è diretta come un'implosione contro il corpo e persino contro la propria psiche. Se la passione è mal indirizzata, la distruzione non è diretta contro la persona stessa, ma verso l'esterno. Vengono distrutti carriere, progetti e persino relazioni.

La passione è ciò che fa andare avanti le persone.

Non c'è nient'altro che possa dare tanta energia a una persona. Attraverso la passione, una persona è in grado di costruire qualcosa, ma anche di distruggere qualcosa. I diversi opposti si uniscono. Tuttavia, questo può anche portare al confronto e al cambiamento.

Se il pilastro della passione è ben sviluppato, è estremamente importante tenerlo sotto controllo. Un buon sviluppo conferisce alle persone un alto livello di vitalità, che è particolarmente importante per la salute fisica e mentale. Può ricordare la seguente frase: "La chiave della vera qualità di vita è la passione".

La passione è molto importante per un manager, affinché possa motivare se stesso e le persone che lo circondano. Deve quindi attivare gli impulsi e permettere agli altri di farlo. Questo aumenta il piacere e la qualità del lavoro.

Si può anche dire che il secondo pilastro, il pilastro della passione, è anche il pilastro del tatto. La brama di vivere, la curiosità e la sensualità fanno parte di questo. Affinché la brama di vita e la gioia di vivere emergano, è importante cogliere il mondo con tutti i sensi, e le persone devono anche accettare la propria personalità. Questo significa lasciar andare i sentimenti di vergogna ed essere sempre in contatto con l'ambiente.

Una persona la cui passione è sviluppata come potenziale di potere possiede le seguenti cose:

- Gioia di vivere
- Consapevolezza del corpo
- Vitalità
- Sensualità
- È in grado di dispiegare la sua energia vitale.
- Brama di vivere
- Creatività
- Motivazione
- La capacità di motivare
- Potere creativo
- Desiderio di sviluppare
- Ha molta grinta nella vita.

Quindi, se un manager ha una passione ben sviluppata, può costruire e vivere relazioni sane con se stesso e con gli altri. Né la passione né le emozioni vengono represse, ma possono svilupparsi liberamente. Un leader o una persona con una passione ben sviluppata riconosce consapevolmente il proprio corpo e lo ama, anche con i suoi piccoli difetti e le sue debolezze. Le relazioni erotiche sono appaganti e caratterizzate dalla devozione per ogni persona la cui passione è ben sviluppata.

Se questo pilastro viene sviluppato in modo equilibrato, il manager è in grado di realizzare pienamente il suo potenziale creativo. Un manager sicuro di sé, vitale e pieno di gioia di vivere è molto attraente per i suoi dipendenti, colleghi e clienti.

Se ci sono blocchi o addirittura sviluppi indesiderati in questo pilastro, questi diventano molto chiari attraverso sentimenti inconsci di vergogna. Questi sentimenti di vergogna portano con sé lo sconforto. Le altre persone la percepiscono come una persona a metà o addirittura noiosa e vigliacca. Una persona la cui passione è bloccata è molto spesso mentalmente debole, non ha motivazione e non è in grado di affrontare nulla di nuovo. Questo può portare a stati depressivi e crisi creative. Anche la percezione sensoriale è ridotta e le persone hanno difficoltà a godersi la vita. Nei manager, ad esempio, questo può portare a un comportamento paradossale. Reagiscono sotto forma di una contro-dinamica con un forte comportamento di dipendenza. Sentono inconsciamente di volersi rivolgere maggiormente a tutto ciò che è sensuale.

Purtroppo, l'unica esperienza sensoriale è l'intossicazione, che può essere molto forte. Le droghe e lo stress, ad esempio, possono essere usati per sperimentare questa intossicazione. Una persona intossicata dallo stress appare agli altri come se fosse fuori controllo. Questo diventa chiaro quando questa persona si occupa di molti progetti, ma si impantana completamente nei suoi compiti. Queste esperienze intossicanti possono risolvere i problemi a breve termine, ma a lungo termine portano all'ottundimento dei sensi e alla distruzione della propria vita. Se lavora consapevolmente su questo pilastro, la proteggerà dall'impulsività, dal desiderio insoddisfatto e dai pericoli della dipendenza, dell'ansia, della gelosia e della sessualità insoddisfatta.

Il segreto della motivazione dei dipendenti

Il segreto per motivare i suoi dipendenti risiede chiaramente nella sua stessa motivazione. Vale la seguente regola empirica: "Può motivare un'altra persona tanto quanto è motivato lei stesso".

A seconda della quantità di lavoro che lei stessa ha dedicato a un progetto, anche le altre persone sono più facilmente contagiate. Ciò significa che anche le persone considerate meno stimolanti per la vita vengono semplicemente trasportate. Non si sentono una pedina; in quanto cosiddetti beneficiari, nuotano sull'onda della passione.

Coloro che vorrebbero partecipare, ma non osano farlo, ricevono il permesso grazie alla loro passione, vedono la persona motivata come un modello e si buttano a loro volta nella questione.

Questo è il potenziale di forza della gioia di vivere. In indiano, questo chakra si chiama "Svadhisthana", che significa dolcezza. Ed è proprio questa dolcezza che nasce dai piaceri sensuali e da tutto ciò che facciamo. La chiave della passione è quindi il piacere. Tuttavia, la gioia di vivere e il piacere possono nascere solo quando una persona si lascia toccare. **È quindi importante entrare in contatto...**

- ... con se stesso, in modo da poter sperimentare i propri desideri, entusiasmi ed energie.

- ... con il mondo che la circonda, in modo che possa toccarla, in modo che possa sentire la crescita, ma anche la decadenza. Questo le dà un senso del ritmo della vita.

- ... con le persone che la circondano, in modo da essere toccato dai loro sentimenti e pensieri, oltre che dalla loro personalità. In questo modo, può percepire la loro diversità, i loro limiti e il loro potenziale.

Una persona che è disposta a percepire le cose che la circondano con passione si assicura di poter godere di piaceri sensuali, ad esempio attraverso l'arte e la cultura, l'erotismo o le esperienze piacevoli.

Qui sorgono due domande:

• 1) Cosa sopprime la passione?

• 2) Cosa favorisce la passione?

Deve sapere che la passione è un potenziale di potere dominato dalle donne ed è innato in noi. Purtroppo, nel corso della nostra vita, sperimentiamo sempre più restrizioni e limitazioni nei confronti di questa fonte. È quindi importante che questa fonte venga liberata di nuovo. In questo modo, una persona può decidere ogni giorno di nuovo quanta passione vuole vivere quel giorno.

In questo modo, può controllare le strutture di cui ha bisogno:

• Essere conformi: appartenenza e amore.

• Essere forti: sicurezza nei contatti sociali.

• Impegnarsi: Volontà di fare.

• Si affretti: sperimenti la pienezza della vita.

• Essere perfetti: utilizzare in modo ottimale le conoscenze e le competenze.

Probabilmente conosce la voce interiore che continua a sussurrarle. A volte si comporta come un generale. E se ora le dico che ci sono addirittura cinque generali, sicuramente rimarrà a bocca aperta.

Sono i cosiddetti driver a garantire che interiorizziamo le istruzioni. Questi driver non devono necessariamente essere una persona attraverso la quale interiorizziamo queste istruzioni. Molto spesso una persona avverte una pressione interiore a comportarsi in un certo modo in una determinata situazione. Se, ad esempio, un manager si blocca con le sue strategie, di solito reagisce spontaneamente con un comportamento di guida. Si potrebbe anche dire che questi cinque generali sono come cinque abitanti della nostra testa. Hanno diviso tra loro tutte le risorse necessarie. Grazie a questa divisione, governano congiuntamente tutte le aree di bisogno e di azione. Fanno una promessa ai nostri sentimenti che saranno soddisfatti senza pericolo se eseguiamo i loro ordini.

Ora prenda tutti i cervelli del mondo e li riduca a cinque fattori di guida, trasversali a tutte le culture. Tutti li conoscono e sono universali. Ciò che conta qui è il potere di comando, se questo driver determina le nostre azioni o se noi stessi siamo i padroni di casa.

Ad esempio, se si sente a disagio in determinate situazioni, può essere certo che uno di questi generali interverrà e prenderà il comando. Non è più sicuro che l'altra persona sia leale. Questo aumenta la convinzione di poter conquistare l'altra persona essendo gentile e cercando l'armonia. Ad esempio, alcune persone vogliono fare una buona impressione sul proprio capo e credono che sia utile rendersi intoccabili. Ad esempio, è necessario consegnare qualcosa su cui si è lavorato a lungo, fino a quando non si è speso abbastanza impegno. A volte il sistema di archiviazione è sovraccarico di compiti e lei vuole lavorare su di essi in modo particolarmente rapido per tenere sotto controllo la situazione.

Può memorizzare la seguente frase: "Più segue compulsivamente gli ordini dei cinque generali, più cede il suo potere interiore al potere interiore del Pentagono".

Dovrebbe diffidare di questi comandi:
• **Generale**: essere accondiscendente: **comandare**: Deve compiacere gli altri.
• **Generale**: sia forte: **comandi**: Non deve lasciare che nulla la colpisca.
• **Generale**: si sforzi: **Ordine**: Deve fare uno sforzo.
• **Generale**: si sbrighi: **Ordine**: Deve fare in fretta.
• **Generale**: sia perfetto: **comandi**: Non deve commettere errori.

Un manager telecomandato non sempre si rende conto di agire come uno schiavo sotto il comando del conducente. Il fatto è che i comandi memorizzati prendono vita propria, soprattutto in situazioni di stress. Questo blocca il pensiero chiaro dell'ego adulto. Il risultato è che una soluzione appropriata viene sabotata. È qui che almeno un generale gioca l'impero del potere. A questo punto, il comportamento controllato dal conducente si rivela un'idea sbagliata.

I cinque generali si sono sistemati comodamente nel Pentagono molto tempo fa. Ora vengono riproposte solo le vecchie strategie, a volte persino quelle dell'infanzia. La cosa giusta da fare sarebbe lavorare pensando al presente. Purtroppo, le formule che un tempo venivano utilizzate per vincere sono ora istruzioni per la strada sbagliata. È anche un fatto, e quindi un punto negativo, che i generali non saranno mai soddisfatti. Chiederanno sempre obbedienza. Non si è mai abbastanza bravi, abbastanza freddi, non abbastanza veloci, mai abbastanza perfetti e non ci si impegna mai abbastanza.

Naturalmente, nessuno demonizzerà i conducenti o li caccerà via. D'altra parte, anche loro combineranno dei guai ovunque vengano inseguiti. Può trovare maggiori informazioni al riguardo nel pilastro sull'autocontrollo. D'altra parte, spesso ci hanno anche aiutato quando non sapevamo cosa fare. Ciò significa che ci forniamo anche risorse e competenze che vogliamo continuare a utilizzare. È quindi importante non abolire il conducente, ma rifiutarsi di obbedire agli ordini. L'infantile "partecipiamo solo quando ne abbiamo voglia" viene quindi utilizzato solo quando ha effettivamente senso per noi. Per quanto riguarda la normale vita lavorativa, forza, impegno, entusiasmo, gentilezza, velocità e precisione sono caratteristiche positive molto importanti.

• **Autista**: essere gradevole: **Risorsa**: empatia (la capacità di relazionarsi con se stessi e con l'ambiente circostante)

• **Driver**: essere forti: **Risorsa**: capacità di distanziamento (la capacità di prendere le distanze da se stessi e dall'ambiente circostante)

• **Conducente**: fare uno sforzo: **Risorse**: resistenza (la capacità di usare la forza in modo appropriato)

• **Guida**: fretta: **risorse**: senso dello spazio-tempo (si riferisce alla capacità di orientarsi spazialmente e temporalmente).

• **Driver**: Essere perfetto: **Risorsa**: Senso di perfezione (descrive la capacità di sviluppare e utilizzare una tecnica ottimale per l'azione).

I conducenti possono anche essere paragonati ai cani: Se un cane l'ha catturata, la morderà sul polpaccio, il che ovviamente fa più male che bene. Ma se viene liberato dalla pressione, può anche mettere il conducente davanti alla slitta. Le persone che riescono a limitare il potere restrittivo del conducente, che è molto distruttivo, possono utilizzare i generali per l'empowerment nel lavoro e nel comportamento comunicativo.

Riassumiamo ancora una volta: La passione è l'ego infantile privo di positività.

• Il piacere è la chiave della passione.
• Lo stato positivo dell'ego del bambino deve essere scoperto di nuovo.
• L'Io genitore premuroso EL fornisce un sostegno benevolo.
• L'energia vitale e la diversità sono gli effetti della passione.
• I permessi sono visti come un passaporto per la passione.

• Guadagna autonomia nei suoi pensieri, sentimenti e comportamenti, disinnescando i suoi abitanti della testa e i suoi conducenti.

• Si permette di essere più se stessa.

• Si percepisce la gioia di vivere.

• Un leader che ha un ego di bambino libero è un vero vincitore.

12.6 AUTOCONTROLLO

Per proteggere la nostra identità, ci viene dato il rispetto di noi stessi attraverso il pilastro dell'autocontrollo. Creiamo un diritto ad agire a livello psicologico. Come nei primi due pilastri, qui si incontrano due forze polari: un polo è la ricerca del proprio potere, l'altro è l'impotenza.

Chi ha il proprio potere si sente particolarmente forte. È importante rimanere vigili per non perdere di nuovo questo potere, poiché possono sempre sorgere vari desideri di potere che spingono le nostre azioni in una direzione diversa. Ad esempio, può anche accadere che usurpiamo il controllo sugli altri.

Se guardiamo al lato dell'impotenza, si verifica il contrario. Nel peggiore dei casi, possiamo finire per dare agli altri il potere su di noi.

Come già detto più volte, accade sempre più

spesso che molte persone abusino del controllo. Ma senza controllo non è possibile, perché ha una funzione importante in termini di potere.

Una persona che ha la capacità di autocontrollo mentale e fisico ha potere su se stessa. Questo regola altre forze come la passione, la ragione, l'autodisciplina, la comunicazione e alcune emozioni. Quando gli eventi intorno a lei minacciano di degenerare, l'autocontrollo è addirittura vitale.

La volontà della propria individualità è particolarmente evidente qui. Rivela anche la capacità potenzialmente illimitata di sviluppo e i propri limiti. Per dare agli altri la possibilità di svilupparsi liberamente, è importante superare le proprie paure. Se vuole raggiungere il pilastro dell'amore, deve prima acquisire l'autocontrollo.

Le persone il cui autocontrollo è sviluppato come potenziale di potere possiedono le seguenti cose:
- Rispetto di sé
- Fiducia in se stessi
- Autostima
- Individualità
- Sentimento dell'ego
- L'empatia

- Sensibilità
- Assertività
- Nervi stabili
- Le nuove impressioni possono essere elaborate in modo ottimale.
- Emotività.

Se un manager vuole sviluppare la propria identità, ha bisogno anche di un autocontrollo stabile. È importante che sappia chi è. L'autostima e la fiducia in se stessi vanno di pari passo con un sano sviluppo dell'ego. Se un manager raggiunge questo stato, può vivere una vita autodeterminata. Può anche perseguire i propri obiettivi in modo continuativo. Dal suo centro proviene una forza che gli consente di raggiungere i suoi obiettivi. Inoltre, permette di superare qualsiasi ostacolo che si presenta all'interno di sé stessi e con la propria autostima. Per superare le fasi difficili della vita, una persona ha bisogno di perseveranza e pazienza. Un leader mantiene un alto livello di sensibilità e di compassione verso gli altri e non affronta la vita a gomitate. Irradia ogni giorno fiducia in se stesso e slancio. Uno dei prerequisiti fondamentali per il successo nella vita è quindi un forte pilastro di autocontrollo. Non importa come lei definisca il successo per se stesso.

Senza dubbio conosce il bastardo interiore.

Questo è il nemico dell'autocontrollo. Il chakra del plesso solare è la sede psichica dell'autocontrollo. Le energie di una persona saranno dirette contro il proprio corpo se vengono ripetutamente inghiottite e non utilizzate. I problemi digestivi nascono proprio in questo modo. L'elaborazione dei problemi è disturbata in questo punto, con conseguente sensazione di pressione sullo stomaco. Di conseguenza, la sensazione che qualcosa non possa essere digerito è un equivalente psicologico. Il detto 'Questo mi ha colpito allo stomaco' dice esattamente questo.

Se le cose vanno male in questo pilastro, i manager diventano fanatici del controllo; cercano quindi freneticamente di avere la meglio in ogni situazione. Per loro, non c'è nulla di più importante che mantenere una visione d'insieme. Come già brevemente accennato, questi sono i tipici mongolfiere o tiranni familiari. Molto spesso mostrano tratti caratteriali negativi. Questi possono includere gelosia, invidia, ossessione per il potere, ambizione eccessiva, aggressività o spietatezza. L'ambiente della persona reagisce a questo in modo molto spaventato.

Quando l'autocontrollo è bloccato, si manifesta con una mancanza di energia. Le conseguenze sono bassa autostima, insicurezza, paura dell'autorità, autocommiserazione, sentimentalismo e mancanza di direzione nella vita. È quindi ovvio che una persona o un leader di questo tipo diventi vittima di se stesso, soffra di depressione o dipendenza e lotti con insonnia e svogliatezza. Queste persone vanno letteralmente alla deriva tra le onde. Concentrandosi su questo pilastro, può contribuire a prendere attivamente il controllo della sua vita e a non lasciarsi guidare da altre persone o circostanze.

L'autocontrollo è una delle sette competenze più importanti di un manager. Purtroppo, però, è proprio questa forza ad essere poco sviluppata. Ciò è particolarmente evidente nell'insoddisfazione sul lavoro, nelle crisi private e anche nelle guerre tra nazioni diverse. Il motivo è che molte persone non sono disposte ad assumersi la responsabilità delle proprie azioni. Se si guarda a questo aspetto a livello psicologico, si può dire che queste persone si comportano come i bambini tra i 18 mesi e i 3 anni. Questa è la fase anale. In senso letterale, queste persone fanno molte cose spiacevoli.

L'autonomia è l'obiettivo principale dei sette pilastri del potere. Il fondatore dell'analisi transazionale ha posto particolare enfasi sul controllo sociale. Questo è il pilastro dell'autonomia. Purtroppo, molte persone fraintendono questo aspetto. Pensano che sia sufficiente controllare le persone intorno a loro, il loro ambiente e varie cose. Questa non è autonomia, né significa potere. È piuttosto il contrario, perché dimostra solo l'impotenza della persona. Controllo sociale significa controllare se stessi, soprattutto nelle relazioni sociali. Una persona dovrebbe quindi comportarsi sempre in modo tale da rafforzare il suo ambiente e non indebolirlo. E questo può accadere solo se si riesce a controllare se stessi. "Controllati" è un detto popolare che lo descrive molto bene.

La questione dell'allineamento viene così chiarita. Il controllo è sempre diretto verso l'interno. Non si può gestire all'esterno ciò che accade nel profondo. I processi interiori devono essere controllati. Questo è l'unico modo in cui una persona può potenziarsi socialmente e diventare socialmente accettabile.

Senza autocontrollo, un manager non può diventare socialmente accettabile e non può adempiere alla responsabilità che gli è stata affidata. I manager non sono responsabili solo di se stessi e delle loro azioni, ma anche dell'azienda e dei suoi dipendenti. Pertanto, è necessario che un manager stabilisca l'autocontrollo.

Tuttavia, l'autocontrollo non significa che deve negarsi rigorosamente tutto, che non le è permesso di provare qualcosa o che deve funzionare come un robot. L'io bambino libero non deve essere messo al guinzaglio. Si tratta di dirigere la sua creatività e la sua energia. Può ricordare la seguente frase: "Coordinare le sue qualità interiori significa autocontrollo".

Una persona libera la propria energia vitale nel pilastro della passione. Il pilastro dell'autocontrollo consiste nel dirigere questa energia e nel guidarla nella giusta direzione, che è considerata appropriata. E questo solleva la questione di cosa sia appropriato in primo luogo. Il comportamento appropriato è sempre quello che non causa danni a se stessi, ai dipendenti/alle altre persone o all'azienda.

I problemi si trovano ovunque, ma soprattutto dove le persone cercano di evitarli:

• di assumersi la responsabilità.

• per prendere decisioni.

La responsabilità è il criterio chiave dell'autocontrollo.

Ma cosa significa il termine responsabilità? Significa che è necessario dare una risposta adeguata alla situazione in corso. Deve essere in grado di dare questa risposta a se stesso, ai suoi collaboratori o all'azienda.

La responsabilità va sempre di pari passo con il senso di responsabilità. Questo si basa su standard professionali e principi etici. È quindi importante assumersi la responsabilità di se stessi e delle proprie azioni. Questo implica una grande autodisciplina e non scaricare le responsabilità sugli altri. Allontanare la responsabilità da sé dicendo "non sono responsabile di questo" non è un comportamento appropriato, è irresponsabile. È solo un tentativo di evitare i piccoli problemi e sperare che qualcun altro se ne occupi. Se un manager agisce in questo modo, non sta facendo il suo lavoro o adempiendo alle sue responsabilità.

Tutti nascono con la passione. Tuttavia, l'autocontrollo deve essere sviluppato. Di conseguenza, la responsabilità non è qualcosa con cui nasciamo. Nel corso della nostra vita, impariamo ad assumere sempre più responsabilità. E anche se non nasciamo con la responsabilità, nasciamo con un sistema sismografico interiore per la giustizia. Le persone possono quindi percepire esattamente quando qualcosa è giusto.

Ma il modo in cui si affronta questa sensazione è diverso da persona a persona. Non è raro vedere un manager che si sottrae alle proprie responsabilità, incapace di scusarsi o di tentare di sistemare le cose. Alcuni scivolano via tranquillamente e altri fanno di meglio. La responsabilità viene semplicemente girata come uno spiedo. Si sostiene poi che la colpa è dell'altra persona. Ciò significa che la colpa reale del manager diventa colpa di qualcun altro. In questo modo, il manager cerca di coprire la propria vergogna e quindi si fa giustizia da solo, ma non ha alcuna dimensione umana per dimostrare di aver commesso un errore. E per quanto assurdo sia, l'ambiente deve pagare per questo.

Cerchiamo di distinguere tra senso di colpa e sentimenti di colpa. Da un lato, abbiamo il senso di colpa come debito effettivo. In questo caso, la persona ha fatto o non ha fatto qualcosa. È stato causato un effetto negativo. Attraverso le proprie azioni, le persone si sono indebitate. Se facciamo un paragone con i debiti con la banca, questo debito deve essere ripagato con gli interessi. Questo, a sua volta, significa che il debito può essere cancellato solo se la persona cancella il suo debito.

Solo la parola tedesca Entschuldigung rende giustizia a questo. Anche una banca non accetta denaro contraffatto. Quindi, chi non pronuncia correttamente la parola scuse non è scusato. Questo fa capire che c'è una mancanza di intuizione e che gli errori sono sinceramente e onestamente deplorati. Molto più importante della riparazione materiale è l'aspetto emotivo di essere veramente dispiaciuti e comprensivi.

Il danno emotivo causato da un passo falso è sempre problematico. È una sfida enorme rimediare al danno emotivo che ha causato agli altri. Non si tratta di sentirsi particolarmente in colpa, ma di affrontare il sentimento di rimorso e di assumersi effettivamente la responsabilità. Questo, a sua volta, non significa che lei debba sentirsi in colpa.

D'altra parte, però, si sente sempre dire che qualcuno si sente in colpa. Anche in questo caso esiste un sentimento di debito, ma non è stato contratto alcun debito effettivo. Il senso di colpa esiste anche se non è mai accaduto. Questo sentimento non può essere innescato dal fare ammenda e questo è considerato problematico. Come può una persona fare ammenda per qualcosa che non ha fatto? In realtà non è possibile: si crea un circolo vizioso. La persona si sente in colpa e non può liberarsi attraverso le buone azioni. Sembra che sia intrappolata nei suoi sensi di colpa. Se non riesce a liberarsi della rabbia giustificata, questo può accadere. Vediamo un **esempio:**

Un dipendente ha suggerimenti o richieste di miglioramento e non viene ascoltato dal Consiglio di Amministrazione. Si tratta ora di farsi valere. Tuttavia, il consiglio di amministrazione non ne vuole sapere e il dipendente si trova di fronte a un doppio lavoro. Cosa deve fare con la sua rabbia? Se la esprime ai membri del consiglio di amministrazione, può avere un esito fatale. Non tutti hanno un sacco da boxe a casa dove sfogare la propria rabbia. Quindi non ha altra scelta che ingoiare la sua rabbia giustificata. Tuttavia, questa rabbia ingoiata si trasforma in sensi di colpa nel tratto digestivo psicologico. Non importa quanto profondi siano questi sensi di colpa. Ad esempio, sperimenterà una sensazione latente di non essere a posto. A questo punto, il conducente, come abbiamo già visto nella colonna precedente, probabilmente entrerà in azione e cercherà di soddisfare il consiglio con ancora più veemenza.

Una regola empirica dice che il 95% di tutti i sensi di colpa sono in realtà rabbia repressa.

> Quindi, se si sente in colpa, dovrebbe sempre chiedere a se stesso:
> - Ho dei debiti?
> - Sono seduto su una vecchia rabbia?

Naturalmente, non è sempre facile rispondere a queste domande. È importante riflettere prima su di esse. Questo è anche il compito del potenziale di autocontrollo. Quindi ci pensi, in modo che non le sarà difficile pensarci in modo non offuscato da adulto.

Ogni comportamento che rappresenta una situazione nella realtà viene sempre assegnato all'Io adulto. Tutte le possibilità che la persona in questione ha sono incluse.

Un incontro di scienziati è probabilmente il più adatto a rappresentare un atteggiamento adulto. Questo sarebbe un tipico cliché. Il motivo è che sono sempre visti come fattuali e oggettivi. L'ego adulto si descrive come un approccio internazionale alla realtà attuale. L'età della persona non gioca un ruolo in questo caso.

- Spesso un bambino è ancora ingenuo e intuitivo.
- Un adulto è logico e ha una mente razionale e analitica.

Le informazioni vengono assorbite ed elaborate. Nel processo, si riconoscono i collegamenti, si valuta la probabilità di verità e si traggono conclusioni. Questa è la base del nostro processo decisionale. Le persone con un buon atteggiamento dell'ego adulto si comportano in modo prevalentemente oggettivo, logico e coerente. Descrivono le proprie percezioni e spiegano le loro connessioni senza romanzarle. In realtà è possibile per tutti adottare questo stato dell'ego. Sarebbe in grado di uscirne solo se avesse un ictus. Tuttavia, è possibile che questo stato dell'ego produttivo non venga utilizzato. Purtroppo, questa non è un'eccezione, ma sta diventando sempre più la regola.

Quando abbiamo esaminato il pilastro della passione, abbiamo imparato a conoscere le sue oscurazioni come i cinque generali. È importante che queste oscurazioni siano dissolte, affinché la persona nell'ego adulto possa sentire, pensare o agire in modo appropriato. Diamo un'altra occhiata ai deflagrazioni anche in questo caso.

Abbiamo già differenziato gli stati dell'ego nelle colonne precedenti. In queste colonne, gli stati dell'Io bambino, dell'Io adulto e dell'Io genitore erano chiaramente separati l'uno dall'altro. Tuttavia, non è sempre vero che il contenuto degli stati dell'ego differisce dagli altri. Non tutti i manager hanno la capacità di passare da uno stato dell'ego all'altro. Si pone ora la questione di cosa succede quando due di questi stati dell'ego si mescolano. Si verifica una confusione. Per esempio, un manager può scambiare le parti dell'ego bambino per parti dell'ego adulto. In questa situazione, crede di agire a partire dallo stato dell'Io adulto, ma in realtà agisce in base agli impulsi dell'Io bambino e quindi si dimostra ribelle. Tuttavia, è anche possibile che segua le linee guida dell'Io genitore e si lasci controllare dai cinque generali. Si può anche dire che i contenuti di uno stato dell'ego hanno superato i confini e quindi sono penetrati nell'altro stato dell'ego. Solo l'Io adulto è sempre offuscato, per cui sono possibili due varianti.

La nuvola dell'ego genitoriale

Se un manager considera le affermazioni dei genitori come la realtà del proprio ego adulto, c'è un offuscamento da parte dell'ego dei genitori. Hanno adottato queste convinzioni dalle loro figure autoritarie e le hanno anche intese come fatti. Ciò significa che ciò che i genitori o altre figure autoritarie hanno detto una volta è un dato di fatto e inattaccabile. In altre parole, questi sono i pregiudizi o i generali che albergano nella nostra testa.

I seguenti esempi sono possibili annebbiamenti dell'ego dei genitori:

I miei dipendenti sono pigri.

Questa azienda non ha alcuna idea del prodotto.

L'amministrazione non fa altro che dormire tutto il giorno.

In ogni caso, non può fidarsi degli altri.

Suggerimento:

Le persone che amano parlare con "l'uomo" sono molto probabilmente dipendenti da un offuscamento dell'ego genitoriale. Ecco un esempio di frase: "Tutte queste sciocchezze di squadra sono inutili. I branchi litigano, i branchi vanno d'accordo. Le cose stanno così e non c'è niente da fare". Sono proprio queste le affermazioni che i bambini imparano dai loro genitori. Senza esaminarle, vengono credute in ogni situazione.

La nuvola dell'ego del bambino

La chiarezza di pensiero è compromessa dal rivivere tutte le situazioni. In questo caso, si ha un annebbiamento dell'ego del bambino. La persona crede di vivere la realtà, ma invece viene riproposto un vecchio disco.

Esempio:

Esce dalla stanza e sente gli altri ridere. Chi si trova nella nuvola dell'ego infantile penserà quanto segue: "Era ovvio che stessero ridendo di me alle mie spalle".

In questo caso si parla di autoinganno:

- Non riesco a parlare di fronte ad altre persone.
- Mondi diversi si scontrano quando si tratta di una lingua straniera e di me.
- Sono nato frenetico.
- Nessuno mi prende sul serio, comunque.

Sono proprio questi effetti di offuscamento che distorcono il suo pensiero e portano a restringere le sue possibilità di azione. Il suo quadro di riferimento personale mostra se e come limitano le sue possibilità di sentire, pensare e agire.

Il quadro di riferimento personale

In quale quadro si è mosso? È forse espandibile? Ha confini rigidi e inamovibili? Le nuove informazioni sono integrate o rimbalzano su di lei? È in grado di adattare il suo quadro di riferimento alle nuove informazioni e quindi di ampliarlo? Vede tutto attraverso occhiali colorati? È in grado di assimilare le novità?

Quando parliamo di quadro di riferimento, ci riferiamo al quadro di riferimento di una persona, cioè al suo standard per giudicare se qualcosa è importante, non importante, giusto o sbagliato. Il quadro di riferimento è inteso in modo più completo nell'analisi transazionale, ossia come la realtà in cui si vive. Tutte le esperienze che una persona vive sono ordinate in modo tale da far emergere una struttura riconoscibile. Questa è la struttura familiare. Ognuno si sente sicuro e a proprio agio nella propria struttura.

Alcune persone si sentono insicure a causa del riorientamento. Riescono a rilassarsi di nuovo solo quando il riorientamento ha avuto successo. Tuttavia, se questo non ha successo, porta all'aggressività o alla rassegnazione. Il margine di manovra, le relazioni interpersonali, l'obiettivo e le norme valide in azienda influiscono sul successo del riorientamento.

Si può anche dire che il quadro di riferimento di una persona è un insieme di convinzioni personali, ossia la sua personale visione del mondo. Questo quadro è percepito come un'opinione profonda. Se necessario, viene anche difeso. Tuttavia, è ovvio che esiste un numero ingestibile di credenze. Le persone hanno già trovato quattro categorie principali nel pilastro della fermezza, in cui possono classificare tutti gli atteggiamenti.

A seconda che una persona abbia la capacità di integrare le opinioni e gli atteggiamenti degli altri, il proprio quadro di riferimento può essere ampliato in modo flessibile. Molti manager, ma anche dipendenti, reagiscono in modo difensivo alle nuove informazioni. Le novità vengono percepite come una minaccia, vengono completamente omesse o distorte, in modo da rientrare nei vecchi schemi.

Vediamo un **esempio.**

Un manager pensa che tutti siano incompetenti. Di conseguenza, i dipendenti vengono etichettati e ricevono solo compiti poco importanti, il che fa loro percepire una chiara disapprovazione. Di conseguenza, diventano frustrati, si chiudono in se stessi e svolgono il loro lavoro solo secondo le regole. Sulla base di queste reazioni, il manager vede confermate le ipotesi dei dipendenti. Seguono frasi come: "Tanto nessuno si impegna per l'azienda!".

Continuerà a non delegare alcun compito importante ai dipendenti. Questo conferma il quadro di riferimento. Tuttavia, questo è un circolo vizioso. Il capo assilla il dipendente, che si ritira dalle sue aree di responsabilità per frustrazione. Ma può anche essere così: Il dipendente si ritira dalle sue aree di responsabilità, il capo lo assilla. Entrambi si sentono come se stessero reagendo al comportamento provocatorio dell'altro. Ma come può accadere?

La percezione selettiva viene utilizzata per confermare il quadro di riferimento esistente. Le informazioni, le opinioni e gli atteggiamenti che non rientrano nel quadro di riferimento esistente di una persona non vengono percepiti, esclusi o piegati fino a quando non rientrano nel vecchio schema.

Forse lo sa bene dal suo lavoro quotidiano. Viene sollevato un problema, ma i suoi colleghi lo vedono in modo diverso. "Vorrei sapere da dove prendi sempre una cosa del genere", oppure, e questa reazione è particolarmente popolare tra i colleghi più anziani: "Sì, lo so anch'io, ma quando arrivi alla mia età, vedrai che non vogliono altro. Non importa quanto ci provi, non succederà nulla". Questo si basa sulla negazione o sulla svalutazione di alcuni aspetti della realtà, nota come 'attualizzazione'.

Questo è il terreno di coltura di modi improduttivi di affrontare i problemi. Allo stesso tempo, è anche una fonte di blocchi e incomprensioni per quanto riguarda la comunicazione. Se sa a cosa prestare attenzione, lo riconoscerà immediatamente: dimenticare, trascurare, non prendere le cose sul serio, minimizzare, evitare, negare, rinnegare e molto altro ancora.

Da queste reazioni si può ricavare una gerarchia di consapevolezza del problema. Questa è suddivisa in quattro livelli, ognuno dei quali si basa su almeno una svalutazione. Più si è lontani da una soluzione, più energia viene sprecata per l'inefficacia. Tuttavia, più si avvicina a una soluzione, più energia avrà a disposizione per essa. Questo significa che può anche pensare in modo più chiaro.

I quattro livelli sono:

• 1) Non fare nulla: Questo è quanto di più lontano da un approccio costruttivo e responsabile al problema.

• 2) Non importa: il problema viene riconosciuto, ma non viene considerato così grave. Il problema viene svalutato.

• 3) Non si può fare nulla: Si riconosce che il problema

è significativo, ma si ritiene che non possa essere risolto.

• 4) Non posso fare nulla: Le persone svalutano completamente le proprie capacità e spesso fanno affermazioni che non sono vere.

Un manager che svaluta ripetutamente in modo forte si catapulterà ripetutamente in situazioni più stressanti rispetto a coloro che svalutano meno: l'energia viene sprecata. Non fanno progressi nella risoluzione del problema e si bloccano, il che porta a ulteriori sensazioni spiacevoli. Il comportamento passivo enfatizza l'apparente incapacità e si sviluppano complessi di inferiorità.

Se un manager è consapevole e presta attenzione alle informazioni rilevanti, è più vicino ad affrontare i problemi in modo costruttivo e può valutare realisticamente l'importanza del problema segnalato. Ciò consente anche di prendere in considerazione diverse opzioni per una soluzione e, infine, di decidere un'opzione appropriata e di attuarla.

Suggerimento:
Si disciplini a percepire tutti gli aspetti di una situazione e a rendersi conto del loro valore. Se questo non è ancora d'aiuto, deve cercare una discrepanza tra il

problema e la sua consapevolezza del problema. È quindi necessario verificare se deve analizzare la situazione data da solo o cercare il supporto di una persona neutrale. Riesce a mantenere il livello raggiunto al termine dell'autoanalisi? Se fa un passo indietro, è importante analizzare perché ha fatto questo passo o perché ha opposto resistenza.

Riassumiamo ancora una volta:

• L'ego adulto non offuscato è autocontrollo.

• La responsabilità è il criterio chiave dell'autocontrollo.

• Se vuole guidare se stesso o i suoi collaboratori in modo responsabile, ha assolutamente bisogno di un ego adulto non offuscato.

• È importante eliminare lo stato di annebbiamento dell'ego degli adulti per poter lavorare in modo produttivo.

• La maturità e il potere si raggiungono quando si rinuncia alla resistenza.

• Chi ha l'autocontrollo può pensare in modo chiaro e libero.

• Ha fiducia e aplomb quando affronta nuove situazioni.

• Lei irradia fiducia in se stesso e slancio.

• Anche con il potere e la forza personali, lei ha un alto grado di sensibilità e compassione verso gli altri.

• Lei viene visto come una persona responsabile e affidabile.

• I vincitori sono manager con un ego adulto non offuscato.

12,7 AMORE

Si può amare veramente senza condizioni? Il pilastro dell'amore è il centro interiore che ci dà il potere dell'amore, con il quale possiamo spostare le montagne. A livello psicologico, si tratta del fatto che ogni persona ha il diritto di essere amata e accettata favorevolmente, senza doversi piegare, senza dover compiacere nessuno e senza dover fare nulla per questo. Come nei primi pilastri, anche qui ci sono due poli che si contrappongono: L'amore e l'indifferenza.

Una persona che sa amare è anche in grado di superare se stessa, di andare oltre i propri limiti e di realizzare cose che sembrano impossibili.

Ma se una persona cede alla freddezza dell'indifferenza, non c'è più buona volontà. Si tratta di uno stato molto spaventoso, che rasenta la crudeltà e fa del male agli altri. Qui l'uomo è freddo e indifferente.

È mai stato innamorato? Allora probabilmente sa che si tratta di una sensazione meravigliosa. Tutti, anche se non lo dimostrano apertamente, desiderano amare ed essere amati dagli altri. Tutti sappiamo quanto sia meravigliosa questa sensazione. Un manager che si accetta può trattare i suoi dipendenti in modo rilassato e benevolo.

L'amore è molto potente. Assicura che i dipendenti siano trattati con amore e sostegno. Porta letteralmente lontano dall'egocentrismo. Quando il pilastro dell'amore è ben sviluppato, non fa differenza tra simpatia e antipatia. Dà grande forza e apertura. Si creano legami con altre persone senza che la persona stessa abbia in mente interessi egocentrici.

Il chakra del cuore è il centro dell'essere umano. Collega anche i primi tre pilastri, che sono legati alle emozioni e sono guidati dagli effetti, con i tre pilastri della coscienza umana superiore. In effetti, questo potenziale di potere gioca un ruolo importante nello sviluppo personale di una persona.

La chiave dell'umanità è l'amore.

Le persone il cui potenziale di potere è sviluppato amore hanno le seguenti cose:

- L'umanità

- Compassione

- Affetto

- Carità

- Autostima

- Calore emotivo

- Espressività artistica

- Tolleranza

- Apertura

- Una demarcazione sana.

Se il pilastro dell'amore è ben sviluppato in un manager, è in grado di comunicare da cuore a cuore. Il collaboratore viene avvicinato in modo imparziale, senza essere influenzato e senza dover fingere. L'apertura e la tolleranza verso altre idee e culture sono importanti quanto le relazioni sane. Quando il pilastro dell'amore si sviluppa in modo sano, è più facile per le persone cedere le responsabilità. Responsabilità nei confronti di collaboratori, colleghi, progetti o addirittura dell'azienda.

Il nemico dell'amore è la sofferenza. Dipende dall'orientamento personale della persona, per cui la sofferenza si manifesta come pietà o autocommiserazione. I disturbi nel pilastro dell'amore possono assumere la forma di problemi cardiaci, sensazione di oppressione al petto e problemi respiratori. Le persone trovano molto difficile accedere ai propri sentimenti quando la forza dell'amore è molto debole. Non importa nemmeno se i primi tre pilastri sono ben sviluppati.

Un manager il cui pilastro dell'amore è solo debolmente sviluppato è anche incapace di prendersi cura dei propri dipendenti. Inoltre, non è in grado di amare se stesso. Spesso soffrono di solitudine e isolamento e hanno difficoltà a socializzare. Questo porta a molti problemi legati al dare e al ricevere. Hanno anche difficoltà ad aprirsi con i dipendenti e a riconoscere i loro stati d'animo. Questo manager non è in grado di accettare il riconoscimento da parte degli altri o di trasmettere l'auto-riconoscimento. Non sorprende quindi che questo manager appaia emotivamente freddo agli altri. Poiché questi manager mancano di calore e compassione, il loro comportamento viene spesso interpretato come ostilità ed egoismo.

Ci sono manager che cercano ripetutamente di compensare questa mancanza. Lo fanno come segue: Si mostrano enfaticamente amichevoli, disponibili o tolleranti nei confronti dei loro dipendenti. Tuttavia, questo comportamento risulta molto impersonale, perché non si può dare ciò che non si ha. Si tratta di una forma perversa di amore e può persino portare alla sindrome dell'aiutante. In questo caso, lei dimentica se stesso ma si sacrifica per gli altri. Quando il potenziale di potere dell'amore è sviluppato, protegge dai sentimenti freddi, dalle difficoltà di socializzazione, dalla durezza, dall'amarezza e dall'ostilità.

Lo sviluppo del pilastro dell'amore è il prerequisito fondamentale per il contatto fiducioso con le altre persone. Una parte importante di questo è l'amore per se stessi. Se una persona non sopporta se stessa e non si piace, come potrà amare gli altri?

In questo momento, si starà chiedendo cosa c'entra l'amore con il posto di lavoro. Dopo tutto, si va a lavorare per guadagnare denaro. Non sorprende quindi che alcune aziende vogliano omettere proprio questo pilastro o almeno etichettarlo come cura. Dopo tutto, non sarebbe così intimo e non porterebbe a malintesi.

Ma dovrebbe chiedersi cosa c'è di così fuorviante nell'amore. Lei stesso sarebbe in grado di vivere senza amore? Una persona fa molte cose per trovare l'amore. Alcune persone viaggiano per il mondo o si trasferiscono in un altro luogo per stare con l'amore della loro vita. Imparano nuove lingue, si integrano in culture straniere e tutto questo per amore. Forse fa qualcosa di simile per il suo lavoro?

Molte persone vogliono separare l'amore dal lavoro. Il fatto è che tutti hanno bisogno di amore nella vita privata. Ma che dire della sfera professionale? Non ha bisogno di amore anche lì? Posso dirle che ne ha bisogno anche lì. Anche se non è al lavoro in privato, lo è comunque di persona. Tutti hanno bisogno e vogliono amore. Ma questo non significa che debba essere un amore intimo sul posto di lavoro. Tuttavia, una certa quantità di contatti affettuosi è ancora importante.

Molti scettici dovrebbero ricordare che al giorno d'oggi possiamo ottimizzare quasi esclusivamente il fattore umano, poiché tutti gli altri fattori sono già ampiamente esauriti. E le emozioni sono ciò che muove tutti. Nessuno può quindi permettersi di fare a meno del proprio capitale emotivo.

Tutti sanno cos'è l'amore e che cos'è. Ma è difficile definire questa parola. Dopo tutto, i sentimenti sono molto complessi ed è difficile descriverli in una sola breve frase. Inoltre, l'amore può variare in intensità e ha anche un peso diverso. L'amore per i propri genitori, ad esempio, è diverso dall'amore per il partner o per i propri figli. Pertanto, è diverso anche nei confronti dei dipendenti.

> **Cerchiamo ora di definire la parola amore.**
>
> L'amore è molto più di un semplice sentimento. L'amore è probabilmente il più grande potere curativo del mondo. L'amore ha una sorella minore, che si chiama simpatia. Entrambi si distinguono per alcuni aspetti.

I seguenti tre aspetti caratterizzano l'amore:

• Cura: si tratta di preoccuparsi della felicità e del benessere delle altre persone.

• Attaccamento: Descrive il bisogno di essere vicini e di prendersi cura di un'altra persona.

• Intimità: descrive l'apertura di poter parlare di tutto e sentirsi liberi.

Il fatto è che una vita senza amore fa ammalare.

La simpatia è caratterizzata dai seguenti due aspetti:

• Apprezzamento

• Si presume che il partner sia simile.

A questo punto, molti manager si sentiranno probabilmente giustificati e insisteranno sul fatto che l'apprezzamento sul posto di lavoro deve essere sufficiente. L'intimità, invece, non appartiene al luogo di lavoro. Tuttavia, la maggior parte dei manager dimentica che uno dei loro doveri è il dovere di cura. È compito di ogni manager amare i propri dipendenti come fanno i genitori. Dopo tutto, lei è responsabile del benessere e della crescita di ogni dipendente.

L'amore genitoriale è quindi attivo nel potenziale di potere dell'amore. Avete già appreso questo concetto attraverso gli stati dell'ego. È quindi necessario un Io genitoriale positivo e premuroso. Questo mostra caratteristiche e comportamenti come la madre premurosa nei confronti del figlio:

• Protezione

• Cura

• Lode

• Aiuto

• Supporto per

• Appeasement

• Incoraggiamento.

E sono proprio queste qualità ad essere indispensabili per i dipendenti in molte situazioni. Sono anche molto apprezzate. Un atteggiamento positivo e premuroso da genitore assicura un autentico rispetto per i dipendenti. Tutti i manager dovrebbero chiedersi se le loro azioni riflettono un atteggiamento di cura. A questo punto, nessuno dovrebbe tirarsi indietro e chiedersi quanto sarà faticoso amare tutti i propri dipendenti. Posso fugare subito questo timore, perché non si tratta di costruire 200 relazioni d'amore individuali. È molto più importante consolidare e stabilire un'unica relazione d'amore con se stessi. Il suo cuore si apre automaticamente e tutti i 200 dipendenti possono trovarvi posto. Questo sforzo le dimostra quanto stia cercando di costruire l'amore per un'altra persona che non l'ha ancora ben sviluppato per se stessa.

> **È meglio memorizzare la seguente frase:**
> **"Più si sente in difficoltà, più dovrebbe lavorare sulla sua capacità di amare".**

Se riesce ad amare se stesso, si renderà conto di quanto sia facile trovare qualcosa di positivo anche nei suoi antipatici contemporanei. In questo modo sarà anche più facile vederli con favore. La sua capacità di amare e le sue doti di leadership aumenteranno. Può immaginare un muro di pioli d'amore. Più è in grado di amare, più sale in alto. All'inizio, lei ama solo quando è amato. Ora ama spontaneamente e desidera essere amato di nuovo. In seguito, ama anche quando non è amato. Questo perché l'amore viene accettato. Ora, infine, ama in modo puro e semplice, senza bisogno e senza alcun piacere che non sia l'amore stesso.

L'amore può anche essere descritto come un motivatore del cambiamento. Se una persona ha il desiderio ed è disposta a impegnarsi per qualcuno o per una causa, questo nasce dall'amore. Ciò richiede una grande quantità di energia, che viene fornita dal pilastro della passione. Il pilastro della fermezza fornisce anche la stabilità, in modo da non perdere di vista se stessi o il proprio obiettivo. Il motivatore è quindi composto da tre aree. Le persone le hanno consolidate nei primi tre pilastri. Stiamo parlando di individualità, lealtà e amore per la verità.

Individualità saldamente ancorata

Coloro che hanno adottato una posizione positiva impareranno ad amare se stessi come sono realmente. La cosa principale è che le persone si accettino così come sono. Questo significa anche accettare i propri piccoli difetti e le proprie mancanze. Molte persone si considerano amabili solo se soddisfano un certo ideale di bellezza o di prestazione. Questo ci mostra quanto sia poco sviluppata l'area dell'amore, perché non si può parlare di stabilità in questo modo.

La ferma fedeltà

Una volta che ha imparato ad amare se stesso, è anche pronto a rivolgersi alle altre persone. Questo è noto anche come amore per l'altra persona. È importante comportarsi in modo emotivo, obiettivo e, soprattutto, leale. È anche importante che le persone sviluppino la consapevolezza del ruolo che svolgono nella vita degli altri. Questo va di pari passo con il pilastro dell'autocontrollo, che rappresenta la responsabilità verso gli altri.

La veridicità consapevole

L'attenzione principale è rivolta all'importanza della verità. L'amore può fiorire solo se è sincero. Per questo motivo, i narcisisti hanno grossi problemi con l'amor proprio, ad esempio. Un narcisista crede di essere il migliore e il più grande, ma spesso si sta ingannando. E a causa del fatto che i narcisisti si illudono, non sono in grado di amare veramente. In pratica, stanno ingannando se stessi. Un narcisista può amare solo quando è disposto a riconoscere le proprie asperità e ad amare se stesso. È già chiaro che un manager ha il compito di amare i propri dipendenti. In cambio, sarebbe bello che anche loro sentissero l'amore dei loro dipendenti. A questo punto, però, si presenta un problema. Questo è esattamente ciò che vogliono soprattutto molte donne manager. Ma se di conseguenza perde la disponibilità a criticare - dopo tutto, non vuole pestare i piedi ai suoi dipendenti - può finire per depotenziarsi. La capacità di gestire i conflitti viene quindi ridotta dall'inibizione del confronto. Si crea una posizione di plus-minus. E da qui nasce il desiderio di essere amato dai suoi dipendenti. La tentazione di essere un 'piacione' è incredibilmente forte in questo caso. Il manager vorrà cercare di compiacere i propri dipendenti. Sul lato opposto, però, c'è la critica necessaria, che non è piacevole.

Questa combinazione plus-minus significa che il manager non può essere potente. Se vuole essere amato dai suoi collaboratori, ha bisogno di loro. Un manager dipendente non può essere un manager potente. In questo caso, è più probabile che sia impotente, il che conferma la posizione più-meno.

Un manager uomo, invece, tende a voler essere rispettato. Questo a sua volta non inibisce la loro volontà di impegnarsi nel conflitto. Sono ancora più potenti nei rapporti con i loro dipendenti. E anche se un manager uomo vuole essere rispettato, non esiterà a esprimere il suo feedback e a confrontarsi chiaramente con gli altri. E se a volte capita che un collaboratore si metta sul personale, questo non toglie immediatamente il tappeto da sotto i piedi del manager. Si potrebbe dire che hanno il seguente atteggiamento:

"Anche se alle persone non piaccio personalmente, apprezzano comunque il mio lavoro come manager". Questi manager sono quindi interessati a ciò che fanno. Questo a sua volta li rende potenti. Tuttavia, un manager che è orientato al 'suo' si trova sulla sua strada, soprattutto se mette le buone relazioni al di sopra del lavoro. C'è una regola generale per questo: un manager ha il dovere di amare i propri dipendenti. I dipendenti devono rispettare e stimare il manager.

L'amore è anche definito come l'ego genitoriale positivo e premuroso.

Riassumiamo ancora una volta:

• La devozione è il criterio chiave dell'amore.

• L'ego di genitore produttivo e premuroso è indispensabile; questo è l'unico modo per garantire il dovere di cura nei confronti dei dipendenti.

• Lo stato dell'Io produttivo deve essere ulteriormente sviluppato.

• L'umanità è l'effetto di una leadership amorevole.

• I dipendenti ricevono protezione, sostegno e incoraggiamento.

• Nelle situazioni emotivamente cariche, un manager può comunque rafforzare i propri collaboratori.

• La leadership è benevola e caratterizzata da

relazioni sane.

• Il modo in cui i manager si rapportano con i loro dipendenti è caratterizzato da tolleranza e apertura. Tutto questo è combinato con limiti sani.

• Quando il pilastro dell'amore è sufficientemente sviluppato, le persone sono ricche di affetto e di buona volontà. Allo stesso tempo, si godono la vita.

• I veri vincitori sono i manager con un ego genitoriale positivo e premuroso.

12,8 COMUNICAZIONE

Riesce sempre a trovare il tono giusto? La comunicazione permette alle persone di scambiare idee. Vuole sentire la verità e dirla. Il potenziale di potere della comunicazione le dà voce. Anche in questo caso, è importante dire che esistono due forze polari. Si tratta della comprensione e della sordità.

Chiunque comunichi vuole far conoscere qualcosa. Attraverso la comunicazione, le persone sono in grado di farsi conoscere. Questo viene anche definito come dare e ricevere a livello spirituale. Le persone che non comunicano rimangono in silenzio. Ad alta voce o in silenzio. Il rumore è caratterizzato da dominanza, manipolazione e giochi di potere. Il silenzio è caratterizzato da timidezza, inibizioni e paura del conflitto. Manca il coraggio di sostenere la propria opinione, il che mette a rischio la conservazione della propria identità.

Il pilastro della comunicazione è un'interfaccia con il mondo esterno. Riflette il mondo interiore e garantisce un ambiente adeguato a livello materiale e sociale. Indipendentemente dal danno posturale interiore, è sempre riconoscibile nella comunicazione. Controlla l'espressione di sé e struttura la postura, la parola, la mimica facciale e i gesti.

Il motto del pilastro della comunicazione è quindi: "Le persone possono mostrare di che pasta sono fatte". Se questo potenziale di potere viene ampliato, è possibile aumentare la percezione interiore ed esteriore. In questo modo, è possibile esprimere il proprio io interiore al mondo esterno senza distorsioni.

Le persone il cui potenziale comunicativo è ben sviluppato hanno a disposizione i seguenti elementi:

- Consapevolezza del linguaggio
- Forti capacità di comunicazione
- Sicurezza nel linguaggio
- Sicurezza nel suono
- Capacità di apprendimento
- Capacità di concentrazione

- Carattere distintivo

- Pensiero razionale

- Indipendenza ben sviluppata

- Individualità ben sviluppata

- Interessi diversi

- Ispirazione.

Se il pilastro della comunicazione di un manager è ben sviluppato, è in grado di esprimersi e comunicare con gli altri. In questo caso, il potere della parola viene utilizzato, ma mai sfruttato. Questi manager hanno quindi una sensibilità infallibile per il linguaggio e la parola. Sono in grado di riconoscere cosa c'è tra le righe. Questi manager sono anche in grado di trovare il filo conduttore in quantità ingestibili di informazioni. Inoltre, la loro capacità di apprendere e di concentrarsi è molto elevata, il che a sua volta placa la loro personale sete di conoscenza. Le caratteristiche di una personalità matura sono la ricerca costante della verità e la forza di esprimere questa verità.

Il nemico della comunicazione è la menzogna.

Se il pilastro della comunicazione è solo debolmente sviluppato, ci sono grandi difficoltà quando i manager e i dipendenti vogliono scambiarsi idee. Le persone interessate spesso riferiscono di trovare le seguenti difficoltà:

- Trovare le parole giuste
- Esprimere sentimenti e pensieri con il linguaggio
- Colpire la nota giusta.

In casi estremi, la mancanza di espressione può persino portare a disturbi del linguaggio come la balbuzie.

I manager interessati sono poco consapevoli di avere paura delle proprie opinioni. Sono molto timidi nel condividere i loro pensieri e sentimenti con altre persone. Questo porta a ulteriori inibizioni e timidezza. Di fatto, queste persone non riescono più a godere della compagnia degli altri. Se ci sono dei blocchi all'interno di questo potenziale di potere, sabotano la comunicazione interiore. È molto difficile per le persone decidere cosa vogliono veramente. Il contatto con il proprio subconscio è gravemente disturbato, rendendo molto difficile imparare dai propri errori.

Se questo potenziale di energia viene indirizzato male, i problemi che ne derivano sono chiaramente percepibili.

• Raucedine
• Voce vacillante
• Lei ha un aspetto duro
• Tende ad esaurirsi rapidamente.

I dipendenti percepiscono un manager di questo tipo come ossessivo e un chiacchierone sconsiderato che non è interessato a ciò che gli altri hanno da dire. Si può dire che questi manager cercano di coprire il fatto di non avere nulla da dire parlando molto. Altre espressioni di comunicazione perversa sono l'incitamento contro gli altri e il bullismo.

I cosiddetti demagoghi si trovano qui. Vogliono cambiare il mondo secondo le loro idee. Offrono molte ragioni ben ponderate per farlo. Discutono solo per il gusto di discutere. Discutono per il gusto di discutere. Questo non ha senso, perché la comunicazione non viene utilizzata per raggiungere un obiettivo che permetta a entrambe le parti di andare avanti. L'unica cosa che conta qui è l'attrito. Lo spirito dell'atteggiamento peggiorativo plus-minus è in mostra qui. È anche la prova che questa persona non è in grado di essere intima nel pilastro dell'amore. Si sta cercando di creare una vicinanza sostitutiva attraverso la discussione.

> **In questo caso vale la seguente regola: i problemi non nascono nella comunicazione, ma vengono risolti.**

I sintomi mentali o fisici si sviluppano molto raramente in questo pilastro. Piuttosto, il danno alla postura derivante dai potenziali di potenza precedenti diventa evidente qui. Di conseguenza, il pilastro della comunicazione può anche essere uno strumento diagnostico. Coloro che lo capiscono impareranno dove devono ancora recuperare.

Comunica sempre il suo atteggiamento interiore, che lo voglia o meno. Mostra automaticamente di che pasta è fatto. La comunicazione può quindi essere vista anche come uno specchio del mondo interiore. Si può supporre che l'ambiente reagisca al mondo interiore di una persona. Sono poche le persone che possono essere ingannate da parole ben scelte. È come una profezia che si avvera. Si crea automaticamente un ambiente adatto intorno alla persona. Le persone che si sentono inferiori vengono trattate come tali. Coloro che hanno poca fiducia negli altri ne avranno conferma in continuazione. Il detto: "Come grida la voce nel bosco, così grida la voce fuori" è molto adatto a questo proposito. Le persone ricevono sempre un feedback sul proprio atteggiamento a livello sociale o materiale. Questo a sua volta significa che lei si rende conto della sua cattiva postura attraverso le reazioni degli altri. Naturalmente, a volte non è facile, ma dovrebbe cercare di prendere in considerazione questo feedback inconscio.

Ora siamo partiti nel modo giusto

Prima di affrontare questo potenziale di comunicazione, è davvero importante che abbia familiarizzato con i quattro pilastri precedenti. Se non lo ha fatto, non sarà in grado di affrontare in modo produttivo i prossimi esempi, informazioni e suggerimenti. Le persone che sono ben sviluppate nei primi quattro pilastri potranno puntare a un livello superiore nel pilastro della comunicazione. A questo punto, è importante integrare il potenziale di potere esistente nella comunicazione in modo più differenziato. Ora è importante sapere con chi sta facendo cosa, in che modo e perché. Questo è particolarmente importante per un manager. Nelle pagine seguenti imparerà che può davvero comunicare tutto ad altre persone senza ferirle. Il modo in cui questo funziona è semplicemente una questione di capacità di comunicazione. Il prerequisito è un certo vocabolario e un buon stile di conversazione. Non sto dicendo che deve memorizzare ciò che vuole dire. Si tratta piuttosto di riconoscere come si manifestano gli atteggiamenti di base e come si può rispondere ad essi per progredire insieme. Ed è proprio questa conoscenza che riguarda i canali di comunicazione verbale e non verbale.

In questo caso è importante fare attenzione alla cosiddetta psicologia laica. Molto spesso, infatti, le generalizzazioni inammissibili vengono vendute come saggezza. Un esempio di questo: In una sessione di consulenza di gruppo, qualcuno sta seduto con le braccia incrociate. Ciò significa che questa persona è ritirata e inaccessibile. In questo caso si devono prendere in considerazione diversi fattori. Forse fa solo freddo nella stanza. Si noti anche se questa persona non ha braccioli e quindi non sa dove mettere le braccia. Forse ha anche una postura da "minus-plus" e quindi si regge da sola. Forse vuole anche segnalare che gli altri non possono farle del male, adottando una postura più-meno.

Comunicazione non verbale

Lo squilibrio di potere tra due interlocutori si riflette chiaramente nel linguaggio e nel comportamento conversazionale. In questo caso, non è la parte verbale ma quella non verbale della comunicazione ad essere decisiva. La ricerca ha dimostrato che circa il 93% delle interazioni si basa sulla comunicazione non verbale. Ogni persona fa un'impressione sull'interlocutore. Questa è composta da tre componenti:

• 58% l'aspetto esteriore, cioè il linguaggio del corpo e l'abbigliamento.

• 35 % la voce, dove il volume, la stabilità e la frequenza giocano un ruolo importante.

• Il 7 % rappresenta il contenuto, cioè ciò che viene effettivamente pronunciato.

Questo porta alla conclusione che conta sempre il modo in cui si dice qualcosa, non quello che si dice. Già da bambini, abbiamo imparato a usare il linguaggio del corpo. Il massimo effetto possibile si otteneva testando attentamente noi stessi. Negli adulti, il linguaggio del corpo è molto più inconscio. Sembra addirittura che avvenga in modo casuale. L'interlocutore non ne è consapevole. Tuttavia, l'effetto non è minore, ma maggiore, perché nessuno si rende conto di ciò a cui sta reagendo.

Comunicazione sottomessa

Il linguaggio del corpo delle donne di basso livello è l'atteggiamento del meno-più. In effetti, il 95% dei gesti pubblicitari delle donne consiste in pose sottomesse e proterve. Quindi, se una donna occupa una posizione di leadership e non è disposta a rinunciare a questi segnali di subordinazione femminile nella sua vita professionale, questo si tradurrà in molti svantaggi per lei. Gli uomini, in particolare, reagiscono in modo molto forte a questo, in quanto rafforza la loro posizione superiore. Naturalmente, una donna otterrà l'accettazione come risultato, ma il prezzo per questo è che si squalifica a livello professionale. Nella vita professionale, le donne devono quindi sempre decidere se vogliono essere riconosciute per la loro femminilità o per la loro professionalità.

Ci sono molte donne che cercano di risolvere il problema diventando poco femminili. Ma diventare un uomo-donna non è una soluzione. Una donna può e deve essere sempre una donna. L'importante è che guidi il suo team e non flirti. In effetti, questo gesto di subordinazione può essere osservato anche negli uomini. Non c'è quindi da stupirsi che la loro leadership non risulti potente e non venga presa sul serio. Se un uomo è brillante dal punto di vista professionale e bravo con le argomentazioni, ma non ha la giusta postura, i dipendenti avranno difficoltà a prendere sul serio un manager di questo tipo.

Nella subordinazione, l'obiettivo della postura è quello di rimpicciolire l'uomo o la donna. Ciò richiede una postura stretta e chiusa. È anche molto tesa e le braccia sono tenute vicino al corpo. Lo sguardo è sempre abbassato e la persona parla molto tranquillamente. L'obiettivo di questa persona è occupare poco spazio. Per silurare le loro affermazioni, possono anche scrollare le spalle dopo un'argomentazione fondata. Questo si riferisce anche alle persone che alzano la voce in modo interrogativo alla fine della loro dichiarazione.

Comunicazione dominante

Con il linguaggio del corpo dominante più-meno, l'obiettivo della persona è quello di mettersi in primo piano. Molti uomini si lasciano andare a questo gesto inconsciamente. Il motivo è che il gesto pubblicitario maschile equivale ad un allargamento visivo. Enfatizza la forza e il potere, che viene frainteso da molti come mascolinità.

Il segnale di dominanza è sempre: "Io sono più grande di te!". Si memorizza sempre inconsciamente che la persona più dominante ha anche una pretesa di potere. Una persona potente non deve nascondersi. Le persone che possono rappresentare se stesse non hanno paura.

Si può anche osservare che le persone dominanti non sorridono molto. Credono di non dover essere amichevoli, coinvolgenti e accomodanti. Un leader di questo tipo può essere rumoroso o pericolosamente silenzioso.

Andiamo al cuore della questione:

Lo scopo della comunicazione sottomessa è quello di stabilire una relazione. Viene utilizzata per ottenere il riconoscimento da parte del partner dominante. Questo segnala che si ha bisogno dell'altra persona, ma allo stesso tempo irradia impotenza ed enfatizza la dipendenza percepita.

L'obiettivo della comunicazione dominante è presentare se stessi. I leader più-meno utilizzano proprio questo comportamento per affermare se stessi. L'obiettivo è sottolineare la propria forza e segnalare agli altri che non sono necessari.

Affinché sia possibile un atteggiamento di base sano quando si lavora insieme, è necessaria una postura che occupi spazio senza togliere spazio agli altri. Un manager che segnala ai suoi dipendenti la sua presenza dà loro un senso di sicurezza. Dopo tutto, un grande capo non deve temere un attacco. Inoltre, non ha bisogno di spiazzare l'altra persona.

Chi assume questa postura utilizza lo spazio a disposizione a livello non verbale e verbale. Ciò significa che ogni persona ha spazio sufficiente per distendersi. Le persone che esagerano vengono limitate. Gli altri che non osano sono incoraggiati ad esprimersi.

Ma come funziona? Quando parliamo di comunicazione, parliamo di qualcosa di interattivo. Il modo migliore per farlo è immaginare di fare musica con la persona con cui sta parlando. C'è solo il desiderio di creare qualcosa insieme. In questo modo, potete trovare un ritmo insieme, creando melodie. A volte una persona imposta il tema, l'altra il ritmo. E più intuizione si apporta al tavolo, meno dissonanze ci saranno. Anche i piccoli errori possono essere sviluppati in nuove melodie. In questo modo, amplia il suo repertorio.

La questione ora è come influenzarsi a vicenda e cosa è necessario per fare effettivamente dei progressi insieme. È anche importante scoprire dove ogni individuo vuole andare. È inoltre necessario esaminare i punti in comune che sostengono l'opera complessiva.

Se vuole applicarlo alla gestione quotidiana, significa che deve ricordarsi continuamente quali dei suoi comportamenti fanno appello a quali posizioni di base del suo interlocutore. È anche importante scoprire cosa può ridurre la resistenza.

Il pilastro della comunicazione mostra se lo sviluppo nei pilastri precedenti è stato effettivamente uno sviluppo della propria personalità. Non si comunica più solo con le parole, ma con l'intera personalità. Ogni persona sviluppa il proprio stile. È in grado di riconoscere ciò che è già ben sviluppato? In quali aree può forse vacillare in caso di emergenza? Che cosa la rende più potente e che cosa la rende più debole?

L'onestà spietata nei confronti di se stessi è anche un prerequisito per un ulteriore sviluppo. È proprio qui che risiede il suo vantaggio.

Il criterio chiave della comunicazione è quindi la verità.

Tuttavia, ciò non significa che debba tormentare senza sosta gli altri con la sua apertura o raccontare ai suoi colleghi dettagli intimi. Non deve mai raccontare a tutti tutto ciò che accade dentro di lei. È importante dire sempre la verità. Questo include anche parlare di tutto ciò che ritiene stia andando male. Tuttavia, se è in grado di farlo, deve assicurarsi che non danneggi nessuno. Se questo non è possibile, è meglio tacere. Dovrebbe sempre cercare di comunicare in modo aperto e onesto. Senza fare la parte del compagno per qualcun altro, questo tipo di comunicazione viene percepito come amichevole. Il compito è quindi quello di comunicare un atteggiamento positivo e di creare una situazione vantaggiosa per tutti. Tuttavia, questo non deve significare che lei si faccia convincere da un atteggiamento positivo, anche se in realtà sta prendendo in giro il dipendente. È sempre importante tenere presente che un dipendente è solo umano.

Comunicazione emotivamente competente

Il quinto pilastro, il pilastro della comunicazione, è il legame tra intelletto ed emozione. Quindi, quando si tratta di bisogni e sentimenti, le persone dovrebbero fare una cosa sopra ogni altra: pensare! Ora potrebbe pensare che questo suoni molto strano, perché prima le ho predicato che dovrebbe dare libero sfogo all'amore e alla passione e ora, all'improvviso, dovrebbe pensare. Il fatto è che gli esseri umani sono in grado di pensare e sentire allo stesso tempo. Provi e vedrà che funziona davvero.

Le persone che pensano mentre sentono sono in grado di utilizzare altre abilità, come quelle di comunicazione e di negoziazione. Chi riesce a farlo, vedrà che questo ha un effetto positivo sullo stato emotivo di tutti i partner del dialogo. È importante che i sentimenti e le esigenze siano comunicati a livello fattuale. In questo modo, il livello relazionale diventa il contenuto del livello fattuale.

Alcuni temeranno che questo sia svegliare il can che dorme, ma non è affatto così. Il fatto è che gli altri non possono giocare le carte che lei mette sul tavolo contro di lei.

Forse è capitato anche a lei. La temperatura della stanza è scesa spontaneamente a 20 gradi, ma non sa nemmeno cosa sia successo. Cosa deve fare a questo punto? La risposta è: semplicemente affrontarlo. Purtroppo, nella vita quotidiana, molti dipendenti e manager sperimentano l'opposto della competenza emotiva. Non è sempre facile riconoscere lo stato d'animo delle altre persone. Inoltre, alcuni manager hanno difficoltà a verbalizzare questa situazione in modo costruttivo. Da un lato, ci sono quelli che semplicemente tacciono. Poi ci sono quelli che si fanno carico di tutto in modo molto doloroso. È chiaro che nessuna delle due cose aiuta nessuno. Non ci si sazia a livello emotivo. Il bisogno di fame rimane quindi insoddisfatto, perché non c'è stata alcuna risoluzione. E ancora una volta, c'è solo una cosa che aiuta: affrontarlo.

Purtroppo, molte persone temono di causare ancora più problemi, il che fa sì che molti manager si tirino indietro. La conseguenza è che si inizia a menare il can per l'aia per molto tempo e si finisce per spiattellare le cose in modo incontrollato.

È anche vero che la maggior parte dei manager teme i dettagli specifici, soprattutto quando si tratta di feedback. Tuttavia, il rifiuto del feedback è una distorsione più stressante. Quando un manager non dà un feedback, il dipendente lo accetta. Indipendentemente da ciò che il manager fa o non fa, il feedback verrà interpretato in tutto e per tutto. Sorgono quindi domande come: "Che cosa ha effettivamente contro di me?". Un dipendente ha un bisogno costante di struttura e quindi è sempre alla ricerca di feedback. Un manager può evitare questa speculazione involontaria solo se apre la bocca e dice ciò che lo preoccupa.

La comunicazione emotivamente competente spiegata in sei passi

Un manager può e deve affrontare davvero tutto, facendo attenzione a non offendere l'altra persona. Ci sono alcune regole da seguire. Grazie a queste, potrà imparare a parlare dei suoi sentimenti e di quelli dei suoi collaboratori senza offenderli o rendersi vulnerabile.

È importante che il manager faccia sempre la prima mossa. Chi ha sempre giocato in modo corretto in passato e fa la prima mossa, farà in modo che il dipendente segua il suo esempio. Se questo non ha successo, è necessario giocare qualche round in più. Quindi è sempre il manager a ricevere i punti di penalità in senso figurato, perché il suo compito è quello di guidare, dopo tutto. Quindi, se il collaboratore non tiene il passo, è segno che ha sbagliato qualcosa e deve ricominciare tutto da capo. I motivi per cui un dipendente non tiene il passo sono solitamente il ritmo eccessivo della leadership o la mancanza di protezione. Come manager, deve sempre essere un piccolo passo avanti e mostrare come si fa. I passi che lei compie sono inviti per il dipendente. Ma va bene anche se un dipendente si ferma per un po' e non ha ancora fiducia.

Un consiglio per ogni manager: faccia sempre un passo avanti. In questo modo può mostrare al dipendente cosa si aspetta. Forse sarà presente la volta successiva. In questo modo, ha raggiunto il successo. Il cosiddetto campo di gioco della comunicazione emotivamente competente comprende sei passi, che sono anche divisi in tre fasi. Queste mostrano in quale pilastro di potere si trova attualmente.

Aprire il cuore dell'altro - il potenziale di potere della fermezza e dell'amore

Questa è la prima fase, che è il fondamento di tutta la comunicazione.

1) Mostrare la disponibilità a parlare.

2) Esprima apprezzamento.

Esplorare i paesaggi emotivi - il potenziale di potere dell'autocontrollo e della conoscenza

Nella seconda fase, si dice loro che cosa c'è di sbagliato.

3) Dare un feedback.

4) Parli con la sua intuizione.

Assumersi la responsabilità - il potenziale di potere dell'etica e della passione

La terza fase riguarda l'assunzione di responsabilità per i propri errori.

5) Dare un nome alle proprie azioni e scusarsi.

6) Segnalare la sua disponibilità al cambiamento.

Riassumiamo ancora una volta:

- La comunicazione ci mostra il nostro sviluppo personale.

- La verità è il criterio chiave della comunicazione.

- Una comunicazione benevola e potente è importante per i manager.

- Le capacità di comunicazione in generale devono essere affinate.

- Il suo mondo interiore si riflette sul mondo esterno attraverso la comunicazione.

- Dimostra di che pasta sei fatto.

- Ben sviluppata è la propria individualità, che fornisce indipendenza.

- Ha forti capacità di comunicazione e consapevolezza linguistica.

- Ha trovato la sua voce nel senso più ampio del termine e può utilizzare il potere della parola.

- Ciò che è scritto tra le righe viene riconosciuto.

- Il filo conduttore si trova anche quando le informazioni sono ingestibili.

- C'è una grande capacità di apprendimento e di concentrazione, che placa la sete di conoscenza.

- I veri vincitori sono i manager che hanno un pilastro stabile di comunicazione.

12,9 CONOSCENZA

Con il potenziale di mercato della conoscenza, una persona è in grado di riconoscere la verità negli eventi. Essere in possesso delle giuste informazioni apre le porte alla saggezza. E come potrebbe essere altrimenti, anche in questo caso sono all'opera due forze polari: la lucidità e la cecità.

Questo pilastro ci permette di riconoscere i modelli, le strutture e i ritmi del nostro ambiente. Possiamo vedere attraverso le illusioni che impediscono la nostra crescita personale. Con questo potenziale di potere, noi esseri umani siamo in grado di rendere coscienti le cose non ovvie. Possiamo vedere ciò che è invisibile, cioè le cose che gli altri cercano di nasconderci. Possiamo ascoltare l'impercettibile, possiamo percepire ciò che risuona tra le righe. Possiamo afferrare ciò che ci sembra intangibile. Possiamo percepire ciò che è nell'aria.

D'altra parte, c'è la cecità. Questa ha diverse gradazioni. È quindi possibile che la visione diventi sfocata o distorta. Le persone possono essere miopi o non riconoscere ciò che hanno davanti al naso. Le persone che hanno sviluppato questo potenziale di potere hanno le seguenti caratteristiche:

• Capacità di concentrazione

- Immaginazione
- Apertura a nuove idee
- Fantasia
- Energia creativa
- Saggezza
- Intuizione
- Chiarezza di pensiero
- Fiducia in se stessi.

Il chakra della fronte, ossia il pilastro della conoscenza, permette di essere consapevoli e di percepire le cose in modo cosciente. Sono possibili anche intuizioni e conoscenza di sé. Con questo potenziale di potere, si vivono quei momenti che aprono davvero gli occhi per la prima volta.

Un leader il cui pilastro di conoscenza è ben sviluppato è in grado di sapere chi è veramente. Trova il percorso personale per quanto riguarda la propria vita nella professione o nella vocazione.

Se questo pilastro è forte, si risveglia la capacità di visualizzare vividamente obiettivi astratti, permettendole di sviluppare una visione per l'ulteriore corso della sua carriera e della sua stessa vita. È anche in grado di riconoscere le illusioni o gli inganni. Le apparenze e le distrazioni fugaci e mondane vengono lasciate alle spalle. I pensieri sono calmi, chiari e focalizzati sugli obiettivi personali. Gli aspetti opposti sono riconciliati e cooperano tra loro. Si tratta dell'inconscio e del conscio, nonché dell'intelletto e dell'intuizione. Si parla anche di essere nel posto giusto al momento giusto per fare la cosa giusta.

Il nemico della conoscenza è l'illusione. Una persona è esposta a notevoli problemi di pensiero quando il potenziale di potere della conoscenza è bloccato o addirittura indebolito. La chiarezza di pensiero necessaria per giungere a conclusioni significative è la più compromessa. Tuttavia, questo non significa che le persone colpite siano stupide, ma che la loro intelligenza personale e il loro potenziale analitico non possono essere sfruttati appieno. Ne soffrono in particolare le persone molto intelligenti e fantasiose. Sentono che in realtà c'è molto di più in loro, ma non riescono a esprimerlo. La colonna debolmente sviluppata è caratterizzata da problemi di concentrazione e difficoltà di apprendimento. Sembra che non ci sia abbastanza energia disponibile quando una persona è in uno stato di blocco. Ha grandi difficoltà a trattenere i pensieri essenziali. In questo stato, i pensieri continuano a saltare avanti e indietro. Lo stesso accade con l'attenzione. Non solo le capacità intellettuali sono influenzate negativamente, ma anche l'immaginazione. Purtroppo, le persone colpite sono raramente consapevoli di questo problema. Il saltellare dei pensieri e le associazioni casuali vengono scambiate per creatività.

Non è raro che la persona interessata perda il filo conduttore. Un manager si chiederà, ad esempio, quale sia il suo compito o chi sia responsabile di cosa. In questo stato, si instaura un sentimento di mancanza di direzione. La persona interessata sente la mancanza di uno scopo e adotta una posizione di minus-minus. Inoltre, perde la strada sul lavoro e nella vita. È anche possibile che i blocchi massicci si manifestino qui come paure poco chiare. Queste possono persino svilupparsi in illusioni.

La conoscenza è potere, non è vero? Non sapere nulla è impotente? Lasciamo questi due detti insicuri al loro posto, ossia alla pubertà. La conoscenza è potere, l'informazione! L'informazione è potere, il potere dell'informazione!

Le persone che dispongono di informazioni possono avviare o prevenire vari eventi. L'informazione può anche essere vista come una cura per l'ignoranza. Ci guida nella vita lavorativa di tutti i giorni, che a volte può essere paragonata a una giungla.

Tuttavia, c'è anche una fregatura. Anche in un'era dell'informazione in cui la conoscenza raddoppia ogni due anni, può essere difficile trovare informazioni. In passato, bisognava cercare per trovare qualcosa. Le informazioni erano quindi scarse. Ma anche oggi dobbiamo cercare. Tuttavia, ci troviamo di fronte a un enorme pagliaio di informazioni frammentate e false. Il detto 'cercare un ago in un pagliaio' descrive perfettamente questa situazione. Purtroppo, le informazioni vengono spesso utilizzate in modo improprio per controllare qualcosa o qualcuno. Ad esempio, attraverso la disinformazione o la propaganda. Si tratta di un tentativo di manipolare intere masse. La conoscenza viene pervertita in questo caso.

La conoscenza ha un effetto completamente diverso quando è supportata dai pilastri precedenti. Ad esempio, se si combina il potere della conoscenza con il potere dell'amore, la trasmissione di informazioni serve a dare più potere a una persona. Le conoscenze psicologiche e le competenze emotive migliorano le relazioni. L'atmosfera sul posto di lavoro è caratterizzata da apertura e fiducia.

Coloro che sono già passati attraverso i precedenti potenziali di potere saranno felici di liberare il potere della conoscenza per se stessi e per i loro dipendenti.

Le quattro forme di conoscenza

Nella nostra società, la conoscenza viene percepita e comunicata in modo unilaterale. L'unica fonte di conoscenza è quindi la ricerca scientifica. Solo le donne hanno l'intuizione. La saggezza è qualcosa per gli anziani. E i cosiddetti "matti" hanno le visioni. Crede che sia così o crede anche che questo atteggiamento sia più simile all'ignoranza?

Diamo un'occhiata a ciò che accade con la conoscenza. La scienza non è affatto l'unica vera soluzione, perché la conoscenza si presenta sotto diverse forme.

- Scienza
- Intuizione
- Saggezza
- Visione.

Ognuna di queste quattro forme ha un proprio arricchimento e valore. Un leader deve avere accesso a tutte e quattro le qualità di conoscenza. Bisogna trovare un sano equilibrio per essere veramente potenti. Chi sviluppa solo una di queste forme impara a classificare l'ignoranza. Il potere nasce solo da tutte e quattro le forme di conoscenza. L'essere umano ha poi un pensiero meccanicistico. Questo funziona con relazioni di causa-effetto (scienza). Le relazioni complesse sono comprese in modo intuitivo (intuizione). L'apprendimento dall'esperienza è reso possibile dalla conoscenza storica (saggezza). Inoltre, le persone hanno anche delle visioni che indicano loro la strada per il futuro. Insieme, queste quattro forme costituiscono la conoscenza.

La scienza

Questa è probabilmente la forma di conoscenza più conosciuta. Immaginiamo semplicemente la scienza come una macchina fotografica che fotografa la realtà. Le informazioni vengono raccolte in modo metodico, i fenomeni vengono studiati attentamente e vengono registrati i modi in cui appaiono e funzionano. È anche considerata la fonte principale di ciò che le persone considerano certo e sicuro. Oggi tutte le informazioni scientifiche si sono trasformate in un enorme cumulo di conoscenze, tanto che anche un esperto difficilmente riesce a orientarsi. Possiamo davvero parlare ancora di scienza? Ci sono specialisti per ogni cosa e per ogni settore. Scavano in profondità e portano alla luce dettagli interessanti. L'unica domanda è chi deve tenere traccia di tutto.

L'analisi delle informazioni in breve

L'autore:

Chi è e qual è la sua posizione politica, professionale, sociale o imprenditoriale?

Informazioni: Lei dice qualcosa:

Quale argomento è al centro dell'attenzione?

- Domande
- Messaggi chiave
- Termini centrali
- Definizione di
- Parole chiave.

Perché: cosa vuole l'autore?

- Interessi
- Intenzioni
- Motivi.

Come:

- Quali forme di argomentazione vengono utilizzate?
- Quali mezzi linguistici vengono utilizzati?
- Quali sono i dispositivi stilistici utilizzati?
- Quali mezzi di manipolazione vengono utilizzati?

Dove:

- Quali percorsi di trasporto vengono utilizzati per

inviare informazioni?

<u>Il destinatario:</u>

A chi:

- A chi si rivolge l'autore?

- Perché le informazioni vengono prese in considerazione?

- Che conoscenze ha il destinatario?

- Ascolta senza pregiudizi?

Con quale effetto:

- Cosa pensano le persone delle informazioni?

- Come viene valutato il contenuto?

- Come viene valutata la muffa?

- Quanto mi influenza la mia comprensione?

L'intuizione

Anche qui vengono fornite informazioni, ma non in modo così preciso come nella scienza. Eppure, anche l'intuizione è una fonte indispensabile di conoscenza. È anche il criterio chiave della conoscenza. L'intuizione è indispensabile grazie a due caratteristiche insostituibili.

1) È veloce

A volte ha pochissimo tempo per capire cosa dicono gli altri, farsi un'idea propria e reagire. Se non è capace di intuizione, in questo caso sarebbe impotente.

2) È olistico

Il corso degli eventi viene visualizzato. Questa intuizione olistica le fornisce rapidamente un quadro di una persona e le permette di sapere se si adatta al team. Le dà anche la conoscenza di quali trappole evitare nelle trattative, ad esempio. Inoltre, è in grado di riconoscere l'inghippo di un progetto. Le persone hanno bisogno dell'intuizione per potersi orientare. In generale, si può spiegare come un processo soggettivo di riconoscimento.

Queste sono le caratteristiche delle realizzazioni intuitive:

- Apparizione spontanea
- Olistico
- Pittorico
- Apparire immediatamente
- Sono coerenti.

Le persone possono quindi riconoscere qualcosa di essenziale, anche se non sanno perché. L'intuizione è indispensabile anche per i compiti diagnostici. È impressionante quando si può sperimentare la precisione di una persona intuitiva.

Nel linguaggio comune, si parla anche di sensazioni viscerali. In realtà si tratta di un termine molto fuorviante, perché non si tratta di una percezione puramente emotiva. Se così fosse, le persone avrebbero semplicemente una sensazione:

• Paura

• Lutto

• Coraggio.

Ma il fatto è che abbiamo un'intuizione. Sappiamo che qualcosa sta andando storto. Naturalmente, questa intuizione è sempre legata alle sensazioni. C'è una connessione tra la percezione personale e l'intuizione, perché i sentimenti sono sempre coinvolti. Questo può sembrare logico, ma è troppo miope. Le sensazioni che percepiamo hanno il compito di fungere da mediatori. Si potrebbe anche dire che sono i postini. La strada su cui viaggiano questi postini è il nostro corpo. E il nostro cervello è la cassetta delle lettere in cui vengono inserite le informazioni.

Una volta che questo è accaduto, c'è una reazione immediata. Tuttavia, questo bypassa la mente cosciente, perché le informazioni vengono utilizzate intuitivamente e immediatamente, ma non controllate cognitivamente.

Pertanto, spesso solo l'esperienza emotiva

rimane nella coscienza. Si conclude che si tratta di sensazioni che appartengono all'intestino, che vengono popolarmente descritte come sensazioni viscerali.

Il fatto è che tutti i sentimenti hanno origine nell'intestino, ma non rimangono lì. Si diffondono. Potrebbe riconoscere le seguenti espressioni:

- Ho le ginocchia deboli.
- Ho un nodo alla gola.
- Il sudore mi cola dalla fronte.

Questi sono tre esempi che illustrano l'arrivo del postino. Nasce l'ansia. Ora la nostra mente cosciente si accende, perché dobbiamo valutare se dobbiamo essere vigili. Tuttavia, questo richiede troppo tempo. Un uomo preistorico sarebbe stato mangiato da una tigre dai denti a sciabola molto tempo fa. Abbiamo quindi sviluppato un programma di pensiero molto più veloce e, soprattutto, inconscio.

Ha mai sentito parlare del terzo occhio? Perché quello è l'intuizione. Stiamo parlando del chakra della fronte. In pochi secondi, un'immagine interiore della situazione sorge proprio lì. Si tratta di un'immagine mentale spontanea, senza che nessuno le dica cosa ha davanti.

L'intuizione non è quindi una sensazione viscerale, ma il potere della nostra mente. Funziona in modo pre-linguistico. Funziona in modo molto spontaneo in immagini intere o in edifici emozionali.

Sapeva che la maggior parte delle decisioni di gestione sono in realtà decisioni intuitive? Con il senno di poi, vengono poi sostenute da ragioni ben ponderate. La nostra intuizione percepisce cose che la nostra mente non conosce ancora.

La saggezza

Anche questo non ha l'esattezza della scienza. È altrettanto indispensabile per la nostra conoscenza. Può anche essere paragonata a una coscienza storica. La saggezza è quindi una conoscenza di ciò che è già stato. Sulla base di questa conoscenza, le persone possono fare previsioni efficaci sul futuro. Se non abbiamo fatto progressi con determinati comportamenti, non li adotteremo nemmeno in futuro, perché, come tutti sappiamo, impariamo dai nostri errori.

Ma il fatto è che non deve necessariamente commettere tutti gli errori da solo. Può anche imparare dagli errori degli altri. Se non cambia qualcosa nel suo comportamento, continuerà a commettere errori in futuro. Può imparare dalla saggezza quali fattori dovrebbe cambiare. Dopo tutto, le persone hanno avuto successo in passato. Ad esempio, se qualcuno che conosce ha superato una sfida, può fungere da modello per lei.

Consideri questa conoscenza del passato come un tesoro molto prezioso. Se non viene più ricordata, andrà persa. A questo punto, uno scienziato valuterebbe come trovare una soluzione al problema. Se vuole acquisire una competenza di leadership, deve sforzarsi di osservare le seguenti aree:

- Il suo ambiente personale
- La politica
- La storia
- Conoscenza psicologica.

Se osserva tutte queste aree, diventerà ogni giorno più saggio e acquisirà un'esperienza che vale oro. I manager più anziani spesso vedono questa conoscenza come un sollievo. Purtroppo, però, l'esperienza, la saggezza e l'intuizione sono valutate in modo diverso. Ad esempio, se un'azienda non accetta dipendenti di età superiore ai 50 anni, si priva di una fonte di potere.

La visione

Questa conoscenza fornisce alle persone informazioni ovunque su ciò che le attende direttamente. Alle persone viene mostrato il loro percorso personale nella vita. Questo può avvenire attraverso i sogni, ad esempio, o sotto forma di chiaroveggenza.

Provi a immaginare una membrana che le permetta di vedere se stesso e il proprio futuro. Poiché tutte le persone sono diverse, anche questa membrana è diversa per ognuno. Per una persona è molto trasparente, per un'altra è impenetrabile, quasi come un muro di cemento. Questo è un grande peccato, perché significa che deve fare molte deviazioni. Quindi, se ha una membrana abbastanza trasparente, è meno probabile che si perda.

• Ma dove vuole andare veramente? Qual è il suo obiettivo?

• I manager trovano risposte a queste domande in vari gradi di intensità.

• Faccio quello che mi viene chiesto. Qualcuno mi dirà.

• Ho degli obiettivi a breve termine. Sto ultimando un progetto quest'anno.

• Vedo l'obiettivo a lungo termine del mio lavoro manageriale in questa organizzazione.

• Vedo lo scopo del mio ruolo di leadership fondamentalmente in ...

• Il significato della mia vita è ...

Non importa quale livello di intensità si segua. Il percorso individuale è sempre composto da quattro passi che portano al successo.

Passo 1:

La domanda è: "Qual è il significato di ciò che lei è e di ciò che fa?".

Risponda a questa domanda al quinto livello di intensità. Faccia riferimento alla sua umanità e si chieda qual è lo scopo della sua vita.

Tuttavia, può rispondere a questa domanda anche nel terzo livello di intensità, chiedendosi qual è l'obiettivo della sua gestione nella sua azienda, ossia cosa deve fare lì.

Ben il 95% di tutti i manager fallisce in questa fase. Il motivo è che non si pongono mai questa domanda o cercano la risposta all'esterno, ad esempio guidando una splendida auto. Queste persone sono preoccupate di se stesse e di dare un bello spettacolo agli altri. Non si preoccupano di ciò per cui sono pagati, ossia la gestione dei dipendenti. In questo caso, sono preoccupati del proprio narcisismo e quindi hanno bisogno di tornare alla stabilità.

Vorrei farle qualche altra domanda per trarre ispirazione:

- Qual è lo scopo della sua leadership?
- Quali sono i suoi compiti?
- Quale percorso sta seguendo come manager?
- Quale percorso sta seguendo come persona?
- Quali punti ritiene siano stati affrontati?
- Ci mette tutto il suo cuore?

Il primo passo è stato fatto solo quando può effettivamente rispondere a queste domande da solo. Può dare le risposte solo a se stesso. Si prenda il tempo necessario per rispondere. A volte ci vogliono molti anni per trovare una risposta. Inoltre, è meglio rivedere le risposte ogni anno e adattarle alla propria fase di sviluppo. Il fatto è che le risposte cambieranno con ogni fase di sviluppo.

Passo 2:

Non si tratta più di pensare a se stessi e al proprio ruolo. Ora ha il compito di fare ciò che ha realizzato. Quindi viva il suo obiettivo, perché la nutre. Quindi questo passo è molto pragmatico e materiale. Si potrebbe anche dire che sta trasformando la sua vocazione in una professione. Questa conoscenza è presente anche linguisticamente nel campo teologico. La questione non è quando decide di diventare sacerdote o suora, ma quando ha sentito la chiamata. Quindi, ascolti la sua chiamata (passo 1). Una volta che l'ha sentita, deve seguirla (passo 2). Il segreto del successo è fare di questa chiamata la propria professione. Se riesce ad esprimere ciò che la rende emotivamente soddisfatta e ciò per cui si impegna con tutto il cuore nel suo lavoro, ha già compiuto il secondo passo.

Quindi, ora viva il significato della sua vita in modo che possa nutrirla. Si assicuri di comprenderlo non solo spiritualmente. Nessuno dovrebbe vivere di aria e amore, ma anche materialmente. (Quinto grado di intensità)

Come può affrontare i suoi compiti in modo che nutrano lei e i suoi dipendenti? Quindi, cosa deve fare per far sì che la sua azienda abbia successo e che i suoi dipendenti abbiano un lavoro a lungo termine? Cosa deve fare per mantenere la sua posizione dirigenziale?

Svolga il suo ruolo di leader e sviluppi se stesso e i suoi collaboratori. In questo modo, si possono apprendere tutte le aree dell'essere: pensare, agire e sentire. (Terzo livello di intensità)

Passo 3:

Il primo passo è stato quello di riflettere su se stessi e

sul proprio ruolo, il secondo passo è stato quello di mettere in pratica i risultati. Il terzo passo consiste ora nell'assicurare questo percorso, in modo da non allontanarsi più da esso. Quindi, ora crei una misura di valutazione per tutto ciò che riguarda la sua vita quotidiana o la gestione giornaliera. Questo dovrebbe aiutarla a capire se deve continuare a perseguire qualcosa o meno. Questa misura deriva dall'obiettivo e dallo scopo che ha identificato nella fase 1. Quindi, se qualcosa o qualcuno serve all'obiettivo, è possibile che sia un'altra cosa. Quindi, se qualcosa o qualcuno serve all'obiettivo, dovrebbe utilizzare anche queste opzioni, altrimenti lasci perdere.

In effetti, sembra semplice, non è vero? Ecco il problema: la teoria sembra semplice, ma la pratica non lo è. È importante rimanere coerenti, perché a volte non si riesce a distinguere il percorso dalla strada sbagliata. È importante rimanere coerenti, perché a volte non si riesce a distinguere la strada dalla strada sbagliata. Nessuno sa quali sono i propri compiti di apprendimento. Sia sempre vigile per non allontanarsi dal percorso.

Misuri tutto ciò che incontra nella vita rispetto al suo scopo di vita. Se serve al suo scopo nella vita, dovrebbe seguirlo. Se non serve al suo scopo nella vita, non lo segua. (Quinto grado di intensità)

Misuri tutto ciò che incontra nel suo lavoro quotidiano rispetto al suo punto di riferimento, ossia l'obiettivo del suo ruolo di leadership. Se serve al suo obiettivo, sfrutti l'opportunità. Se non lo fa, non deve più prestarvi attenzione. (Terzo livello di intensità)

Passo 4:

Ora non deve fare nulla, se non godersi il miracolo del suo successo. Si potrebbe anche dire che ora può raccogliere i frutti. Se si è attenuto alle prime tre fasi e non si è allontanato dal percorso, avrà successo. Anche coloro che continuano a seguire questi passi avranno successo, sia a livello privato che professionale.

Se ha perso la strada, torni subito indietro, altrimenti sta vivendo nel peccato. Se guardiamo alla definizione cristiana di peccato, non significa altro che andare fuori strada.

Ecco due esempi:
- Lo status per il bene dello status.
- Le cose materiali solo per il desiderio di avere.

Entrambi sono peccaminosi e servono solo a scopi egoistici. Se questo non è d'aiuto, sappia che si tratta di una strada sbagliata e che ora deve trovare la via per tornare a se stesso. (Quinto grado di intensità) Non si lasci mai sedurre da promesse vuote e da un successo rapido. Lei vuole un successo a lungo termine, non solo un successo a breve termine. È quindi importante che lei prenda la strada lunga, perché è salutare e porta anche al successo.

Riassumiamo brevemente ancora una volta:

• La conoscenza ha bisogno del suo piccolo professore in azione.

• L'intuizione è il criterio chiave della conoscenza.

• La conoscenza è indispensabile per i manager.

• La conoscenza deve essere costantemente aggiornata

• Scienza, intuizione, saggezza e visione sono le quattro forme che compongono la conoscenza.

• Lei si trova nel posto giusto al momento giusto, con l'intervento giusto.

• I segni dei tempi vengono riconosciuti e affrontati in modo professionale.

• Si trova il percorso privato e professionale nella vita.

• Lei ha pensieri chiari e tranquilli.

• Si concentra sui suoi obiettivi.

• Questo potenziale di potere trasforma la professione in una vocazione.

• I veri vincitori sono i manager che hanno un piccolo professore intelligente dentro di loro.

12.10 ETICA

Che cosa è sacro per lei? La consapevolezza delle persone dei valori superiori dell'umanità rivela la loro etica. I valori superiori sono, ad esempio, la giustizia e il rispetto. Chi si rivolge effettivamente a questi valori superiori è in armonia con se stesso. Come negli altri sei pilastri, anche in questo caso ci sono due forze polari che si oppongono: Unità e dualità. L'obiettivo spirituale più elevato è l'unità. Solo quando una persona ha veramente capito che non c'è separazione tra sé e gli altri, si sentirà integrata nella sua vita quotidiana. È proprio questa unità che le persone cercano con grande fervore. Nei cosiddetti momenti di felicità, le persone si sentono come se fossero in armonia con la natura. La natura dell'uomo è quella che è. Ci gioca un brutto scherzo e lo stato di felicità si dissolve di nuovo. Coloro che vengono catapultati di nuovo nella dualità credono che una natura duale sia il loro destino. In questo caso, le persone si allontanano dagli altri, ma anche da se stesse. Il potere dell'etica ci fornisce uno standard per le nostre azioni quotidiane. L'etica ci dà fiducia e speranza nel bene delle persone. Questo accade anche quando questo è solo leggermente sviluppato. Attraverso l'etica, sperimentiamo il sostegno di cui abbiamo bisogno per sviluppare questa bontà in noi stessi, ma anche nelle altre persone. Questo ci dà un punto di vista sulle cose e un senso di serenità. Le persone sono quindi in grado di lasciare che le cose facciano il loro corso, senza doversi arrabbiare. Quando accadono eventi sconvolgenti, siamo in grado di mantenere la calma, di pensare con chiarezza e di vedere ciò che accade intorno a noi senza essere manipolati dagli altri. Attraverso l'etica, sentiamo il potere che non è legato alle cose materiali.

Le persone il cui potenziale etico è sviluppato in modo stabile hanno a disposizione i seguenti elementi:

• Soddisfazione

• Sensazione di connessione

• Realizzazione personale

• Potere spirituale

• Spiritualità

• Pace profonda

• Serenità inconfutabile.

I leader il cui pilastro etico è ben sviluppato provano un profondo senso di pace. Questa meravigliosa sensazione di stabilità e armonia può essere trasmessa anche a coloro che la circondano. Di conseguenza, lei è una fonte di forza e di ispirazione per altre persone o per i suoi collaboratori. Il settimo pilastro è il pilastro della meta per il completamento e la perfezione.

Man mano che si passa attraverso i sette pilastri, si risveglia il proprio potenziale di potere. Il tutto può essere paragonato a una pianta che si trova sotto la terra oscura e cresce verso la luce. La coscienza umana si è liberata dalle qualità animalesche dei primi tre pilastri, che sono guidati dagli affetti. I due pilastri di collegamento (amore e comunicazione) sono stati superati. Alla fine, si arriva al punto più alto, l'etica, attraverso il pilastro riflessivo della conoscenza. Quando tutti i pilastri sono ben sviluppati, la persona o il leader ha acquisito un vero carisma.

Il nemico dell'etica è il seguace. Si avverte una carenza che non può essere afferrata né compresa se il pilastro dell'etica è solo debolmente sviluppato. Questo è particolarmente evidente nella mancanza di gioia di vivere. Rimane una sensazione di vuoto e di insoddisfazione, anche se tutte le condizioni esterne sembrano essere corrette. Ed è proprio questa sensazione che può portare a stati depressivi. Nei casi peggiori, questa sensazione può anche trasformarsi in stanchezza mentale. La persona sente che c'è un vuoto dentro di sé, ma non sa dove e perché. Si può anche dire che c'è un punto cieco nella coscienza. Spesso si presume che questa mancanza sia dovuta a una carenza di salute o materiale. A questo punto, si cerca di compensare la carenza interiore dall'esterno. Tuttavia, la sensazione di insoddisfazione rimane. Deve sempre essere di più, perché apparentemente molto aiuta davvero molto. L'unica conseguenza di ciò, tuttavia, è che si finisce per percorrere sentieri sbagliati. Vengono fatti continui tentativi per soddisfare l'avidità materiale. Oltre alle bugie, anche la manipolazione fa parte dell'attività quotidiana. I cosiddetti giochi di potere vengono poi giustificati con il motto 'il fine giustifica i mezzi'. A questo seguono frasi come: "Non posso salvare il mondo da solo".

In un atteggiamento plus-minus, l'etica può anche fingere di essere pervertita. Questa non è la vera etica. Ma viene comunque venduta come tale. Un manager cercherà poi di imporre la propria etica agli altri. Solo loro sono al centro dell'attenzione. Non abbandonerà mai le proprie convinzioni, il che fa apparire il manager insensibile ed egoista agli occhi degli altri.

Dall'altra parte della medaglia della falsa etica,

invece, vive un recluso spirituale. La persona diventa mondana e si ritira. Non si tratta solo di una fuga dalla realtà, ma di un distacco completamente esagerato. Si potrebbe anche dire che la persona si allontana e non è più interessata alle cose terrene.

Il modo in cui si manifesta un blocco nel pilastro dell'etica dipende sempre dal suo atteggiamento interiore. Alcuni hanno un atteggiamento di minus-minus e non vogliono più avere a che fare con gli altri, mentre altri sarebbero persino disposti a vendere una persona a loro cara se questo li aiutasse ad andare avanti. In questo caso prevale l'atteggiamento "più-meno".

Ci sono anche coloro che hanno un atteggiamento negativo e fanno quello che fanno tutti gli altri: "Le cose stanno così e basta. Che altro si può fare?".

Quando parliamo di etica, intendiamo anche la moralità. Si tratta di agire in modo responsabile. Questo corrisponde sempre al proprio atteggiamento di base nella vita professionale. Questo standard di comportamento deriva dalla responsabilità verso l'azienda, il team e ogni singolo dipendente.

In cosa crede quando si tratta di gestione dei dipendenti? Per cosa si batte? Qual è il suo credo? Queste sono le domande di base. È qui che il pilastro della fermezza e il pilastro dell'etica si uniscono. In altre parole, si potrebbe anche dire che il cerchio è ora completo. Quindi, se l'etica di una persona è sviluppata, questo si rifletterà nella sua fermezza, in ciò che sostiene.

È quindi logico che ogni manager abbia uno standard etico di comportamento diverso. Ci sono molti manager che non hanno un'etica o non ne sono consapevoli, mentre altri guidano il loro team in modo esemplare.

I manager e la loro etica

Anche un manager è solo umano e quindi non è migliore di chiunque altro. Nel loro ruolo professionale, tuttavia, hanno una maggiore influenza. L'incompetenza, la negligenza e la mancanza di scrupoli hanno un impatto molto maggiore. Indipendentemente dal fatto che un manager si senta colpevole o meno, deve sempre essere responsabile. Se ciò non avviene, un manager diventa un autore di ingiustizie, per esempio, poi prende una strada completamente sbagliata e diventa un seguace. Si unisce quindi al partito del comportamento indegno. Le costrizioni apparenti si contrappongono alle argomentazioni critiche. Le circostanze non possono essere cambiate, le opinioni sono cementate o un manager deve necessariamente seguire determinate leggi. Se fosse davvero così, non si chiamerebbe leadership, ma debolezza consequenziale. Spesso ciò è dovuto alla mancanza di immaginazione, alla pigrizia o alla corruzione. La prima cosa da fare è ripristinare la libertà di opinione, la libertà di decisione e la libertà di azione quando un manager è incapace.

Le pressioni nel lavoro quotidiano sono molte. Ma questo non deve essere un motivo per mettere in secondo piano la lungimiranza imprenditoriale. Se così fosse, si comporterebbe come un boscaiolo che deve lavorare con una motosega spuntata e sostiene di non avere il tempo di acquistare una motosega adeguata perché deve tagliare la legna. Ci sono delle dipendenze, ed è per questo che è importante che i manager abbiano un atteggiamento etico. I dipendenti dipendono sempre dal loro manager. Quindi, se non c'è un atteggiamento etico di base, c'è il rischio di abuso di potere e di sfruttamento. Il principio più importante della leadership dovrebbe quindi essere quello di non nuocere. Di conseguenza, la consapevolezza è il criterio chiave dell'etica.

Può sviluppare un'etica appropriata per se stesso solo se è consapevole del suo ruolo nei confronti degli altri e della responsabilità delle proprie azioni.

Moralità contro etica

Si pone la questione di come sviluppare un'etica appropriata. È anche necessario chiarire la differenza tra morale ed etica. Una persona può davvero fare a meno dell'etica se ha una morale? Una persona può addirittura rinunciare a tutta la morale a favore di un'etica ben ponderata?

Basta ricordare gli stati dell'ego: Le norme e le regole sono memorizzate nel nostro ego genitoriale. Ma questa non è la nostra etica, perché abbiamo adottato le linee guida senza riflettere. Si tratta di comandamenti e divieti. Si potrebbe anche dire che si tratta di galateo per i manager. Tuttavia, il loro contenuto non proviene da noi. Le persone che sono importanti per noi sono state i fornitori per questo. Si tratta principalmente dei nostri genitori.

La morale, invece, è qualcosa che si segue. È anche molto rigida. È possibile che una persona sia molto morale, ma non abbia un'etica. In poche parole, questo significa che con i moralisti, le persone sono lì per le regole, ma non le regole per le persone. Le regole sono considerate assolute, il che a sua volta è fondamentalista.

Quando parliamo di moralità pura in azienda, parliamo di obbedienza dei quadri al regime. Tuttavia, questo è molto pericoloso per i dipendenti e per l'azienda. Queste regole morali di comportamento non sono state oggetto di una riflessione approfondita, per cui le persone non hanno un'opinione indipendente su di esse. Il pensiero morale funziona in termini di "si deve" o "non si deve". Questo si chiama adattamento dell'ego infantile. Anche in questo caso, non è stata esaminata la morale esistente e se le regole di comportamento sono effettivamente appropriate.

L'esame coscienzioso dell'Io adulto è quindi la chiave dell'etica. È quindi necessario verificare se determinati comportamenti, valori e atteggiamenti sono davvero appropriati.

La differenza è che la moralità è qualcosa di adottato, mentre l'etica è sviluppata.

L'etica auto-sviluppata viene promossa da due fonti:

1) Il contenuto che lei ha adottato dal suo Io genitoriale viene rivisto e, se necessario, modificato. Ad esempio, ha letto qualcosa sulla fiducia in questo libro. All'inizio questo ha senso per lei. Fino a questo punto, è morale. Poi impara che si guadagna qualcosa dalla fiducia negli altri. Qui entra in gioco la sua esperienza di vita. In questo modo, un valore morale diventa una linea guida etica.

2) Lei pensa a determinati argomenti in modo

indipendente nell'Io adulto. Così facendo, si distacca da tutte le linee guida. In questo modo, si crea una nuova tecnologia. Deve poi ripensarci per trovare la propria posizione. Si informa, riflette e poi forma il proprio atteggiamento.

Le linee guida aziendali sono considerate anche linee guida morali, in prima istanza. Per la persona che le ha scritte, si tratta ovviamente della propria etica. Per coloro che le ricevono, si tratta di moralità. Se i dirigenti e i dipendenti le affrontano e le adottano come proprie, queste linee guida aziendali diventano l'etica generalmente applicabile dell'azienda. Tuttavia, se questo processo viene trascurato, queste linee guida esistono solo sulla carta. Nessuno si sente vincolato da esse.

Le linee guida vuote sono particolarmente controproducenti in questo caso. In molte aziende si legge che i manager sono dei modelli. Tuttavia, non si tratta di una dichiarazione di missione, ma di un dato di fatto. Qui manca la componente etica e vincolante. Ci si chiede che tipo di modello siano questi manager. Si sforzano davvero di essere un modello positivo? Si tratta forse di un modello positivo o negativo, a seconda del tempo?

"Il direttore della nostra filiale si impegna a lavorare in modo affidabile. È sempre al fianco dei suoi dipendenti". Questa sarebbe una linea guida etica e vincolante.

Il principale strumento di controllo

Si tratta di giochi di potere. Un manager cerca deliberatamente di controllare il comportamento di un dipendente per i propri scopi. In altre parole, si tratta di una manovra per cercare di indurre gli altri a fare qualcosa. Non viene chiesto direttamente e non viene negoziato apertamente.

La svalutazione e la pura manipolazione sono i tratti caratteristici in questo caso. Chi fa giochi di potere vuole affermare se stesso, avere ragione, mantenere il potere, esercitare influenza e salvare la faccia. Questi giochi vengono fatti per coprire la vergogna, l'impotenza, l'insicurezza o l'impotenza. I manager che fanno giochi di potere non sono in grado di essere in pace con se stessi. Non sono in pace con se stessi e non possono relazionarsi in modo appropriato con gli altri. L'ambiente viene quindi sfruttato male per il loro ego. Tuttavia, è anche vero che anche i dipendenti possono giocare a questo gioco. Si può quindi affermare che esistono tanti giochi di potere quante sono le persone.

I giochi di potere possono essere classificati come segue:

• Tutto o niente: questa è una variante estorsiva.

• Intimidazione: si usa la paura, il timore che qualcuno debba subire qualcosa.

• Bugie: Qui si approfitta di persone particolarmente credulone e si sfrutta la paura del confronto.

• Passività: viene utilizzata come meccanismo di leva per raggiungere gli obiettivi personali e rallentare l'altra persona.

Come affrontare i giochi di potere

Cercare di superare un gioco di potere con un altro gioco di potere è un'idea molto poco saggia. Non è etico, ovviamente, e nessuno andrà molto lontano. Può vincere un round, ma il suo avversario si ritirerà per raccogliere le forze e prepararsi meglio la prossima volta. È quindi importante utilizzare la propria forza per concludere un gioco di potere. Questo è l'unico modo per ritrovare la strada della cooperazione.

La prima cosa da fare è fermare il giocatore di potere. Tutto quello che deve fare è dire "Stop". Se vuole perdere altre parole, può dire: "Basta! So esattamente che gioco sta succedendo qui, ma posso dirle che non andremo da nessuna parte in questo modo".

Dove c'è un gioco di potere, c'è anche un'antitesi. Si tratta di un disarmo per neutralizzare il gioco di potere. Si tratta di un processo di disarmo. È importante che questa antitesi non sia mai un buon piano, perché altrimenti viene contrastata solo con un altro gioco di potere e c'è una minaccia di escalation. Non si tratta di praticare il karate a livello verbale. L'obiettivo è essere in grado di comunicare con l'altro a livello di rispetto. In questo modo si apre la strada a negoziati cooperativi.

Come sempre, le eccezioni confermano la regola. Se l'avversario è deciso a impadronirsi di tutto, non si può evitare una guerra, perché in quale altro modo si può conservare ciò che si ha diritto? Questa è una situazione di crisi. E l'etica è particolarmente importante in queste situazioni.

L'etica dovrebbe essere uno standard di comportamento saldamente ancorato nel suo sistema di valori, in quanto serve come scudo protettivo contro la manipolazione. Questo rende le persone immuni alle tentazioni machiavelliche.

Riassumiamo ancora una volta:

- L'etica è il nostro scudo protettivo.
- La consapevolezza è il criterio chiave dell'etica.
- Quando un manager è responsabile, l'etica è

indispensabile.

• Attraverso l'etica, si percepisce un potere che non si basa sulle cose materiali.

• Lei si pone al di sopra delle cose quotidiane con compostezza.

• La vista per gli elementi essenziali è preservata.

• Può provare una profonda soddisfazione grazie al potere dell'etica.

• Lei è una fonte di forza per le altre persone.

• Lei è un'ispirazione per gli altri.

• Durante gli eventi sconvolgenti, può rimanere calmo, pensare e vedere chiaramente senza che gli altri possano manipolarla.

• Vengono promosse la stabilità e l'armonia dell'ambiente.

• I veri vincitori sono i manager con un'etica stabile.

Parole conclusive/ Conclusione

Se ha letto questo libro fino a questa pagina, vorrei ringraziarla, ma anche congratularmi con lei. Si è fatta strada attraverso molte informazioni e ha mantenuto la sua fermezza. Non posso che congratularmi con lei per tanta passione e costanza.

Abbia fiducia in se stesso, perché questo le permetterà di risvegliare la sua forza interiore e di diventare vincente e potente. I vari potenziali di potere sono già dentro di lei. Vogliono essere scoperti, sviluppati e compresi.

Il potere è la fermezza.

Il potere è passione.

Il potere è l'autocontrollo.

Il potere è amore.

Il potere è comunicazione

Il potere è la conoscenza.

Il potere è etica.

Coloro che si sono sviluppati bene in tutti e sette i pilastri sono potenti.

Se vuole scoprire se è un leader affermato, può fare il seguente test. Le auguro il meglio per la sua vita professionale e privata, fermezza, passione, autocontrollo, amore, comunicazione, conoscenza ed etica.

Si sente completamente appiattito da alcuni modi di dire?

→ È necessario tornare alla passione.

A volte non sa quale diavolo la sta cavalcando?

 → È necessario tornare alla passione.

Continua a rimanere bloccato in vicoli ciechi?

→ Torni all'autocontrollo.

Non sopporta alcuni dei suoi colleghi?

→ Torni all'amore.

Non riesce a trasmettere le sue idee?

→ Torni alla comunicazione.

A volte ha difficoltà a decidere?

→ Torni alla conoscenza.

Deve piegarsi alle costrizioni esterne, pur sapendo che è meglio così?

→ Torni all'etica.

Se il risultato è che lei non è perfetto, non posso
che congratularmi con lei. Quindi: Congratulazioni!
Lei è un essere umano! Il percorso è il nostro obiettivo. Se ne ha voglia, può ripercorrere i sette pilastri.

Le auguro tutto il meglio nel suo viaggio.